道路运输驾驶员从业资格系列教材

道路客货运输驾驶员
从业资格培训教材

交通运输部公路科学研究院　审定
北京中德安驾科技发展有限公司　编写

适用类别：道路旅客运输驾驶员
道路货物运输驾驶员

北京交通大学出版社
http://www.bjtup.com.cn

内 容 简 介

本教材依据《深化道路运输驾驶员从业管理改革实施方案》《道路运输从业人员管理规定》《道路运输驾驶员诚信考核办法》编写，内容以道路运输安全为主线，涉及最新的法律法规、职业道德、道路运输安全、应急处置和道路运输知识等核心内容，是道路客货运输驾驶员从业资格培训专用教材。除适用于道路旅客运输驾驶员、道路货物运输驾驶员从业资格培训外，也可作为客货运输场站、运输企业和物流公司等相关企业员工入职教育和在岗继续教育培训手册使用。

图书在版编目（CIP）数据

道路客货运输驾驶员从业资格培训教材 / 北京中德安驾科技发展有限公司编写. -- 北京 : 北京交通大学出版社，2019.11

ISBN 978-7-5121-3972-5

Ⅰ. ①道… Ⅱ. ①北… Ⅲ. ①道路运输－客货运输－驾驶员－技术培训－教材 Ⅳ. ①U471.3

中国版本图书馆CIP数据核字(2019)第167746号

道路客货运输驾驶员从业资格培训教材

DAOLU KEHUO YUNSHU JIASHIYUAN CONGYEZIGE PEIXUN JIAOCAI

责任编辑：韩乐

出版发行：北京交通大学出版社　　邮编：100044

销售电话：010-62062087　13501036721　13910509305

印 刷 者：北京金吉士印刷有限责任公司

开　　本：185mm×260mm　　印张：11.5　　字数：291千字

版　　次：2019年11月第1版　2019年11月第1次印刷

书　　号：ISBN 978-7-5121-3972-5/U·383

印　　数：1～3000册　　定价：40.00元

前　言

道路运输是现代综合运输体系的基础，是国民经济的重要产业，也是重要的服务行业，在支撑国家总体发展战略、保障经济和社会发展、促进产业结构调整、搞活贸易流通、服务百姓民生及应急救援保障等方面发挥着不可或缺、不可替代的基础性作用。全国道路运输驾驶员（简称驾驶员）已超过3000万，形成了一支数量庞大、具备一定专业技能的驾驶员队伍。

为全面深化道路运输领域“放管服”改革，更好地顺应道路运输驾驶员新需求、新期待，交通运输部办公厅印发了《深化道路运输驾驶员从业管理改革实施方案》（交办运〔2018〕143号），道路运输驾驶员从业管理迎来一次重大改革：修订普通货物道路运输驾驶员从业考试大纲，公开普通货物道路运输驾驶员从业考试题库，开展道路运输重点领域从业人员职业化培训考试试点，改革道路运输驾驶员继续教育制度，优化道路运输从业人员管理法规制度，构建互联网道路运输服务平台。

为有效指导道路运输驾驶员从业资格培训考试，促进道路运输驾驶员掌握从业所需专业知识和职业技能，胜任道路运输服务工作，根据2019年最新《中华人民共和国道路货物运输驾驶员从业资格考试大纲》和2013年《中华人民共和国道路旅客运输驾驶员从业资格考试大纲》，我们编写了这本教材。

本教材内容编排上分为理论/基本知识、应用能力、应试攻略三篇，共十三章；表述形式通俗易懂，图文并茂，结合考题讲解专业知识。其中，带※的内容为道路旅客运输驾驶员应掌握的知识点，带*的内容为道路货物运输驾驶员应掌握的知识点。

本教材适用于有志从事道路运输行业的驾驶员学习使用，是道路运输驾驶员参加道路运输从业资格培训、考试的基础规范教材。希望本教材能够帮助大家顺利通过考试，开启人生一段全新的旅程。

编写组

2019年3月

编写组

编写人员：赵　侃、邓智勇、盛　颖、陈凌飞、李志丹、张科婧
美　　编：杨媛媛

教材编写说明

本教材适用于道路客货运输驾驶员考取从业资格证使用，分为三篇，共十三章。

本教材包含最新的道路运输相关法律法规、道路运输安全、应急处置、道路运输知识等内容，是道路客货运输驾驶员从业资格培训及考试专用教材。教材依据《深化道路运输驾驶员从业管理改革实施方案》和从业管理相关规定编写，除适用于道路客货运输驾驶员从业资格培训外，也可作为客货运输场站、运输企业和物流公司等相关企业员工入职教育和在岗继续教育培训手册使用。

名词术语与通俗叫法、计量单位名称与符号

本教材为了规范语言文字与计量单位的使用，名词术语和计量单位全部使用国家规定的规范用语。为方便读者理解，下面列出了几种常见规范术语与通俗叫法、计量单位名称与符号的对照关系。

规范术语	通俗叫法
转向盘	方向盘
制动	刹车
制动踏板	脚刹、刹车踏板
加速踏板	油门、油门踏板
前照灯	大灯、前大灯
刮水器	雨刮器、雨刮、雨刷
点火开关	钥匙门
驻车制动器	手刹、手制动器

计量单位名称	符　号
千米（公里）	km
米	m
厘米	cm
毫米	mm
[小]时	h
分	min
秒	s
吨	t
千克（公斤）	kg
升	L
牛[顿]	N
千帕	kPa
千米每[小]时	km/h
转每分	r/min

目录

理论/基本知识篇

应用能力篇

应试攻略篇

理论/基本知识篇

类别：道路旅客运输驾驶员从业资格

理论考试采取闭卷方式，考试时间为60分钟。每套试题均分为判断题、单项选择题和多项选择题三种类型，共90题。其中，判断题、单项选择题各40题，每题1分，多项选择题10题，每题2分。

类别：道路货物运输驾驶员从业资格

基本知识考试采取闭卷方式，考试时间为60分钟。每套试题均分为判断题、单项选择题、多项选择题和场景题四种题型，共67题。其中，判断题、单项选择题各20题，每题1分；多项选择题25题，每题2分；场景题2题，每题5分。

特 别 提 示

《道路旅客运输驾驶员从业资格考试大纲》及配套题库为2013年颁布实施，距今已有6年之久。题库根据当时的法律法规编制，随着法律法规的修订，很多题目及答案与现今法律法规有出入，官方还未及时修订，从读者角度出发，教材编写以题库（来源于网络）为准，可能会出现表述与现今法律法规不符之处，敬请须知。

第一章

驾驶员的职业道德、职业心理与职业健康

由于道路运输驾驶员具有流动分散作业、意外和危险因素多、环境复杂多变、服务对象层次多样等职业特点，自身的社会责任、职业道德、职业心理与健康显得尤为重要。

第一节　社会责任与职业道德

道路运输驾驶员履行社会责任的益处良多，如促进道路运输行业健康发展、保证自身和他人生命财产安全、节约能源减少环境污染、为企业和自身创造更多经济效益（价值）等。道路运输驾驶员应承担相应的法律和经济义务，安全驾驶、文明行车、规范经营、优质服务、节能环保、诚实守信，对社会整体承担责任，为社会创造价值。

一、道路运输驾驶员的社会责任

道路运输驾驶员履行社会责任是必要和有益处的。从长远看，社会责任与经济效益之间的关系是相辅相成的。

道路运输驾驶员应承担的社会责任主要有：遵章守法（遵守道路交通安全法规），维护交通秩序；安全行车，保证道路运输安全；节能减排，保护环境；为客户提供优质服务。

思考题

1. 一辆双层卧铺客车（核载35人，实载47人），行驶至京珠高速公路某一路段时，一位旅客携带的易燃化学品爆燃，造成重大人员伤亡。你怎么看待该驾驶员存在的严重超员、违背遵章守法要求、没有社会责任感等诸多问题？

2. 高速公路前方出现事故，三位道路货物运输驾驶员小李、小赵、小周都被堵在车流中，小李见哪个车道速度快就往哪个车道穿插，小赵跟随车流依次排队行驶，而小周则借用应急车道行驶，三人中谁的行为符合社会责任与职业道德的要求？

安全行车是道路运输驾驶员履行社会责任的核心，驾驶员在运输中应始终把旅客生命财产安全放在第一位，安全驾驶，文明行车，当遇到道路交通拥堵而不能及时到达目的地时，也应该坚持安全、文明行车。

道路运输驾驶员应树立“安全第一、珍爱生命”的理念，正确理解人、车、路、环境之间的辩证关系，不仅要保障己车的行车安全，还要对其他交通参与者的安全负责，这才是真正的保证行车安全。尤其是旅客运输，驾驶员应严格执行安全告知制度，要求旅客系好安全带，当旅客携带危险品时应拒绝运输，发现有不法分子翻动旅客行李，应拨打报警电话，并巧妙停车等待警察到来。

知识扩展

“最美司机”吴斌在突然身受重伤的情况下坚持完成安全停车动作，保证旅客人身安全。大连市公共汽车联营公司702路422号双层巴士驾驶员黄志全在行车途中突发心脏病，在生命的最后一分钟把车缓缓停在路边，用生命的最后力气拉起驻车制动器，把车门打开让乘客安全下车。他们始终把旅客安全放到第一位，具有高度的社会责任感，体现了旅客至上、安全第一的良好职业道德和良好的心理素质及应急处置能力。他们是我们学习的榜样。

公交驾驶员王静从业20多年,安全行驶58.95万公里,节油4.53万升，发动机40万公里无大修；先后荣获全国“五一”劳动奖章、十大明星公交司机、六十位“新中国成立以来感动交通人物”等多项荣誉。这充分表明安全行车是驾驶员社会责任的核心，驾驶员立足岗位、节能减排，同样是社会责任的要求，社会欢迎有责任感的优秀驾驶员。

道路运输驾驶员社会责任的内涵

“天地生人，有一人当有一人之业；人生在世，生一日当尽一日之勤”。作为社会的人，不可能脱离责任而生存。任何职业都产生于社会需要，每一职业都对社会、对他人承担着不可推卸的责任。

2018年6月29日20时27分许，河南省驻马店汽车运输公司一辆大型客车，由南往北行驶至京港澳高速衡东段1602 km处时，穿越中央隔离带后与对向行驶的一辆半挂车相撞。事故共造成18人死亡，14人受伤。

调查认定，大客车驾驶员过度疲劳仍驾驶机动车、操作不当的违法行为是造成此次事故的直接原因，承担事故全部责任。

涉事客运企业经营管理存在重大缺失，安全制度执行不力，未尽到安全运营的社会责任，涉事客车驾驶员多次超速、疲劳驾驶，法律意识淡薄，社会责任感严重缺失。因道路运输企业及驾驶员社会责任感的缺失，造成了驾驶员自身（两名客车驾驶员均在事故中死亡）和众多乘客生命财产损失，教训极其深刻。

2019年3月22日19时15分许，湖南常长高速由西往东方向119km+655m处，一辆从河南开封开出，前往湖南、广西的柴油旅游大巴车（豫AZ8999）突然起火，已造成26人死亡、28人受伤。

调查认定，该起事故系该车乘客陈某非法携带易燃易爆危险品乘车而引发客车爆燃。陈某因买卖纠纷电话协商不成，欲前往广西桂林当面再次协商，如不成则威胁、报复卖家。途中，其非法携带的烟火药意外爆燃，引发客车起火事故。

如果客运站安检人员尽到自己的责任，落实安检制度到位，如果驾驶员能履行自己安全行车的责任，在乘客上车时注意乘客行包，这起事故就不会发生。如果驾驶员能第一时间发现并处理火情，如果乘客都懂得如何在车辆起火的情况下脱困逃生，也许伤亡就不会这么大。可惜时间不能倒流，人生不能重来，假设只能是假设。

在其位不履行自己应尽的责任，就是对自己和他人的不负责任。驾驶员责任感的缺失，对道路运输行业来说，是重大的安全隐患，对整个行业的发展极为不利。

履行社会责任绝非唱高调，也不是一个伪命题。它与整个行业的健康发展息息相关，同时也是道路运输驾驶员获取个人利益的有力保障。道路运输驾驶员应当履行的社会责任主要有：安全行车，文明优质服务，弘扬社会正义，节能减排，保护环境，共建良好交通秩序。

1. 安全行车的责任

道路运输驾驶员最基本的职责就是安全地把乘客/货物送达目的地。这是职业特性赋予的社会责任，也是一种法律义务。漠视安全，何谈其他呢？当然，这里的安全包含三层含义：一是保障自身生命财产安全；二是保护乘客生命财产安全，并在乘客生命财产安全受到威胁时尽全力帮助；三是礼让“弱势”交通参与者（包括行人、骑车人、小型机动车及其他交通参与者），避免发生事故造成无法挽回的生命财产损失。

履行安全行车的责任，要求驾驶员做到：遵守“安全第一”的行车准则，树立自身强烈的危险意识，调试好心理、生理健康状态，行车前做好车辆安全检视，行车中遵章守法、不超速，严格遵守交通规则，不开英雄车、斗气车，行车中精力集中、勤于观察，掌握常见的危险源辨识方法，提前预控危险，掌握防御性驾驶技术，掌握紧急情况的应急处置方法，确保应急处置得当。

2. 文明优质服务的责任

在营运过程中，道路运输驾驶员不仅是一名“驾驶员”，还是一名服务人员。为乘客提供安全、优质、高效的服务是其肩负的重要责任。肩负起这种社会责任的重要意义在于：一是提高乘客满意程度，从而使自己获得物质与精神（尊重和自信）上的双重回报，增强工作和生活的动力；二是促进社会和谐与文明，使人们有一个美好的生活环境。

履行文明优质服务的责任，要求驾驶员做到：遵守“乘客至上”的服务准则，树立自身良好的服务意识，调试好服务乘客/货主的健康心态，行车前做好行包/货物检查，帮助提拿行李/装卸货物，协助老弱病残孕乘客并确保其安全上车，提醒乘客系好安全带，确保行车安全、平稳、不颠簸，确保车内通风良好，照顾好有特殊需求的乘客，乘客突发疾病时进行紧急救助以尽力挽救其生命。

3. 弘扬社会正义的责任

道路运输驾驶员是当今社会中最有社会正义感的群体之一。无论是在报纸、电视还是网络中，我们总能看到他们抓小偷、堵罪犯、救伤员、献爱心、做好事的身影。他们在辛勤工作、养家糊口的同时，还能为社会进步、人们安居乐业奉献自己的力量，可谓是可歌可泣。

履行弘扬社会正义的责任，要求驾驶员做到：主动上报交通信息，辅助维持良好社会治安，帮助擒拿小偷、劫匪，及时抢救伤病人员，主动送还乘客遗留物，帮助有困难的群众，替弱势群体打抱不平，献爱心做好事。

4. 节能减排、保护环境的责任

保护环境，人人有责。环境污染日益严重，这绝非与己无关。如果对环境污染置之不理，事不关己，受毒害的不仅是自己，还有子孙后代，而只有每个人都行动起来，为保护环境贡献一份力量，才可重见蓝天，家园才会更加美丽。

履行弘扬社会正义的责任，要求驾驶员做到：知晓节能减排的重大意义，明确节能就是省钱的益处，遵循“安全是节能的前提”这一基本原则，选购节能环保型车辆，熟悉车辆各项性能，看书，查资料，学习车辆节能减排相关知识，向他人讨教节能驾驶经验，付诸实践，不断在行车中总结经验、检讨不足，通过节能减排考核，积极参加行业节能竞赛，持续吸收先进经验。

5. 共建良好交通秩序的责任

道路交通的畅通、和谐，不仅需要驾驶员掌握娴熟的驾驶技术，还需要驾驶员具有良好的驾驶行为习惯和道德修养。文明礼让不但是交通安全的一部分，也是社会文明的一部分。道路运输驾驶员应从自身做起，做文明的表率，共建文明交通秩序，共创便捷出行环境，为建设美好城市、和谐家园作出积极的贡献。

二、道路运输驾驶员的职业道德

道路运输驾驶员职业道德的总体要求是爱岗敬业、遵纪守法，诚实守信、办事公道，服务群众、奉献社会。良好的职业道德与行车安全、企业经济效益息息相关，要求驾驶员在道路运输活动中做到依法行车、安全礼让（遇到其他车辆的不友好行为，驾驶员应宽容忍让）、规范操作、有序通行（平稳驾驶，妥善保管货物，交通拥堵时耐心有序跟车）。酒后驾驶，发生道路交通事故后逃逸，开故障车，疲劳驾驶，长时间占用快车道行驶，夜间会车使用远光灯，占用应急车道行车等都是驾驶员缺乏职业道德的体现。

道路运输驾驶员职业道德的具体体现，如下表所示。

驾驶员职业道德的具体体现

内　容	说　　明
遵章守法	按道路运输相关法规安全运输，自觉遵守企业的各项规章制度，认真遵守驾驶员安全操作规范，开车前认真执行安全告知制度，按规定参加道路运输驾驶员继续教育，依法营运（应先取得道路运输经营许可），不超速，不疲劳驾驶，不频繁变换车道，遇骑车人占道时减速慢行，避让有优先通行权的车辆
优质服务	服务周到、热情，真诚对待旅客；使用规范语言，礼貌待客；主动为老年人找座位，在运输中始终做到微笑服务；遇道路拥堵时耐心跟车，旅客无理取闹时耐心解释；通过凹凸路面时减速慢行，提醒旅客坐稳扶好，旅客下车时提醒其注意安全；通过提高服务标准来招揽货物，货物到达后及时交付收货人
诚实守信	通过诚实守信赢得旅客（货主）的信任和社会的认可：认真遵守旅客运输各项规定，满足旅客正当需求；按照规定的时间、路线运输，确需绕道时及时和旅客沟通，按时到达目的地；按照合同承诺进行道路运输，按批准的时间、路线、速度进行超限运输，发现货物包装破损时及时通知托运人，确保货物安全准时到达目的地，杜绝运输中私自捎带其他货物及在货物送达前额外索要运费等不良行为
规范操作	按信号灯指示通过路口，遇红灯提前减速停车；做好出车前的安全检视，行车前系好安全带，出车前、行车间隙、收车后认真检查车辆，并做好日常维护；发现前方不具备会车条件时，停车让对向来车先行；高速公路上发生事故时，及时将旅客转移到安全地带
公平竞争	加强驾驶员培训，提高服务水平；不干扰其他班车正常进站，杜绝提供招手即停服务；为老幼病残孕等特殊旅客提供方便，主动向旅客提供最新乘车信息

第二节　职业心理、职业卫生防护和健康

作为一名道路运输驾驶员，心理、身体素质对安全行车的影响很大，因此，道路运输对驾驶员的心理、身体素质要求是相当高的。要确保安全行车，道路运输驾驶员就应当注意调节自己的心理、身体状态，确保身心健康。

一、道路运输驾驶员心理健康

积极、谨慎的心理状态有利于行车安全。遇到紧急情况时头脑冷静、处置果断，是驾驶员具备良好意志品质的体现。心理健康、心态良好的驾驶员在行车中一般会注意力集中、判断准确。驾驶员在运输中保持良好的心态，是预防交通事故的重要前提。

1. 心理与行车安全

驾驶员具备熟练的驾驶技能，把其他交通参与者当作伙伴，有利于保持健康平稳的心理状态。道路运输驾驶员情绪低落、心神不定时，应急反应能力会降低。道路运输驾驶员

与家人争吵后情绪激动，此时出车会严重影响运输安全。

运输过程中感觉自己情绪波动很大时，应该择安全地点停车，待情绪稳定后继续行驶，切忌提高车速，快速行驶，甚至迁怒他人，借机发泄。

运输过程中感到沾沾自喜时应及时自省，提醒自己集中注意力驾驶，安全第一。好胜心理太强，不仅不利于尽快将旅客送达目的地，还可能欲速则不达，贻误运输任务。

运输过程中遇他人占道行驶、争道抢行时，要心平气和、宽容忍让，切勿长按喇叭，发泄不满，甚至与其一较高下，教训其不文明行为。行车中遇到道路拥堵时，应该按顺序通行，切忌争道抢行，按喇叭催促。

2. 典型不良心理

驾驶员的典型不良心理有：急躁心理、麻痹心理、好胜心理、自满心理、赌气心理、侥幸心理、随众心理、寄托心理等(见下表)。这些不良心理不利于提高运输效率，容易导致交通事故，驾驶员在运输过程中应谨慎驾驶，避免出现不良心理。

典型不良心理及其表现

不良心理	表　现
急躁心理	开快车，强行超车，频繁变道
麻痹心理	忽视对向车道情况借道超车，以为车辆安全性能好而不实行车辆三检制度，加油站加油时不让旅客下车，炫耀车技占道抢行，忽视交通风险超速行驶
好胜心理	强行超车，违法超车，会车抢行
自满心理	炫耀比拼车技，长时间单手握方向盘，开车打手机，开英雄车
赌气心理	强行超车，不避让加塞车辆
侥幸心理	在交叉路口闯红灯，开故障车上路行驶，高速公路随意停车
随众心理	跟随他车占用应急车道行驶，跟随他车超速行驶
寄托心理	见对向有来车时仍借道超车，在有障碍路段高速会车，见十字路口有行人正在通过时继续高速行驶

运输过程中，驾驶员应时刻提醒自己谨慎行车，避免麻痹心理，要遵守操作规程和交通法规，避免侥幸心理，要避免“法不责众”的想法，克服随众心理，文明驾驶。

运输过程中的随众心理、寄托心理等是不利于安全行车的，遇到危险时，驾驶员主动采取措施避让、防御性驾驶，能有效克服这些不良心理。

思考题

1. 一辆厢式货车在路口转弯时与一辆直行小客车发生碰撞，货车驾驶员认为两车距离比较远，自己能加速先通过；小客车驾驶员认为货车会停车让行，没有及时减速。造成这起事故的不良心理有哪些？（提示：侥幸心理、寄托心理）

2. 小王在通过十字路口时看到有行人正在过马路，他认为行人会让路，于是加速通过，结果撞倒了行人。这起事故主要是由小王的什么心理导致的？（提示：寄托心理）

二、道路运输驾驶员心理调节

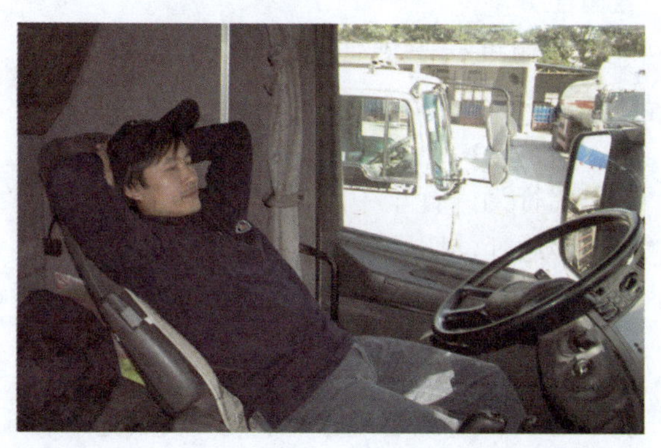

在道路运输过程中，驾驶员做好心理调节，有利于身心健康和行车安全。驾驶员应及时调整心态，要善于自我调节、缓解消极情感、避免过激的心理活动，从而保持心理稳定。

遇情绪不良（紧张焦虑、伤感抑郁、兴奋激动）时，驾驶员可以利用宁停三分、不抢一秒，安全是福、超速是祸，马达一响、集中思想等警示语提醒自己，行车中应集中注意力驾驶，必要时停车休息，要调整心态，放松心情，平时可通过保持良好的人际关系、阅读励志书籍、培养健康的兴趣爱好、保证充足的睡眠等方法来调节心理压力。日常工作中，驾驶员可以通过持续学习、更新知识，作息规律、睡眠充足，合理饮食、营养均衡，加强锻炼、适度运动等方法来保持良好的心理状态。

三、道路运输驾驶员生理健康*

道路运输驾驶员服用镇静剂、止痛药、催眠药、兴奋剂等药物后不宜进行运输。道路运输驾驶员服用影响神经系统的药物后，会出现反应及操控能力下降，听力、视力、注意力减退，动作准确性下降等不良现象。

疲劳驾驶会导致驾驶员操作失误增加、注意力分散、判断力降低等，是安全行车的头号敌人，长时间坐姿不良、行车时间过长、睡眠不足、车内空气质量差等容易导致驾驶疲劳，驾驶员应尽量避免这些情况出现。运输过程中感到疲劳时，驾驶员不要加速行驶，以便尽快到达目的地后休息，而是应尽快寻找安全地点停车。停车休息时，驾驶员可通过活动肢体、眺望远方、小睡片刻、喝咖啡等方法来缓解驾驶疲劳。

道路运输驾驶员常见的职业病有颈椎病、胃病、腰痛、振动病、泌尿系统疾病等，须特别注意预防。对于颈椎病，可以通过保持正确的驾驶姿势、座椅位置和高度合适、正确调整头枕的高度、停车休息时活动颈部等措施来预防。对于胃病，可以通过合理安排行程、定时适量饮食，少吃刺激性、生冷、不易消化等食物，保持情绪稳定、避免精神过度紧张，慎用对胃黏膜有损伤的药物等措施来预防。

第二章

道路运输相关法律法规

道路运输驾驶员应掌握与道路运输相关的法律法规的内容，做到知法、懂法，守法经营，且能依据法律法规有效维护自己的合法权益。

第一节 《中华人民共和国安全生产法》、《中华人民共和国道路交通安全法》及其实施条例

《中华人民共和国安全生产法》、《中华人民共和国道路交通安全法》及其实施条例制定的目的是加强交通安全监督管理，预防和减少交通事故，保障人民群众生命和财产安全。

一、中华人民共和国安全生产法

《中华人民共和国安全生产法》制定的目的是加强安全生产监督管理，防止和减少生产安全事故，保障人民群众生命和财产安全，促进经济发展。其规定的安全生产管理方针是“安全第一、预防为主”。

1. 安全生产权利

道路运输驾驶员依法享有安全生产和人身安全的最基本的权利。具体见下表。

道路运输驾驶员安全生产权利

具体权利	相关说明
劳动合同保障权	道路运输企业与驾驶员订立劳动合同，应当载明有关保障驾驶员劳动安全、防止职业危害的事项，以及依法为驾驶员办理工伤保险的事项。不得以任何形式与驾驶员订立协议，免除或减轻其对驾驶员因生产安全事故伤亡依法承担的责任
危险、有害因素的知情权、建议权	驾驶员有权了解其工作岗位存在的危险因素、防范措施及事故应急措施，有权对企业的安全生产工作提出建议
批评、检举、控告权	驾驶员有权对安全生产工作中存在的问题提出批评、检举、控告。道路运输企业不得因此而降低其工资、福利等待遇，或者解除与其订立的劳动合同
违章指挥、强令冒险运营的拒绝权	驾驶员对所属企业违反法规、强制性国家标准和安全生产规章制度的指挥、指令及强令冒险运营等，有权拒绝执行

续表

具体权利	相关说明
紧急情况下停止运营的紧急避险权	驾驶员发现直接危及人身安全的紧急情况时，有权停止运营，并在采取可能的应急防范措施后从现场撤离
事故人身伤害赔偿权	因生产安全事故受到损害的驾驶员，除依法享有工伤社会保险外，依照民事法律尚有获得赔偿的权利，有权向所属企业提出赔偿要求
获得符合标准的劳动防护用品的权利	道路运输企业必须为驾驶员提供符合国家标准或行业标准的劳动防护用品，并监督、教育驾驶员按照使用规则佩戴、使用
获得安全教育和培训的权利	道路运输企业应当对驾驶员进行安全生产教育和培训，保证驾驶员具备必要的安全生产知识，熟悉有关安全生产规章制度和操作规程，掌握本岗位的安全操作技能
申诉权	对道路运输主管部门作出的行政处罚行为不服的，有权提出申诉

2. 安全生产义务

道路运输驾驶员依法享有安全生产权利的同时，必须承担相应的安全生产义务。具体见下表。

道路运输驾驶员安全生产义务

内容	说明
遵守企业的安全生产规章和安全行车规程	严格遵守企业的安全生产规章和安全行车规程。对于依法制定的保障安全生产的国家标准和行业标准，驾驶员必须执行
正确使用安全设施	正确使用安全带，掌握车载灭火器的使用方法，正确使用警告标志等
接受道路运输安全培训，掌握安全驾驶技能	驾驶员被道路运输企业聘用后，未参加安全生产教育和培训，不得上岗作业
发现事故隐患及时汇报或处理	驾驶员发现本企业存在事故隐患或者其他不安全因素时，应该立即向现场安全生产管理人员、本单位负责人报告

3. 法律责任

道路运输驾驶员不服从管理，违反安全生产规章制度或操作规程的，由生产经营单位予以批评教育，依照有关规章制度给予处分；造成重大事故，构成犯罪的，依照刑法有关规定追究刑事责任。

温馨提示

《生产安全事故报告和调查处理条例》根据生产安全事故造成的人员伤亡或者直接经济损失，将生产安全事故分为四个等级，具体划分标准如下：

特别重大事故：造成30人以上死亡，或者100人以上重伤（包括急性工业中毒，下同），或者1亿元以上直接经济损失的事故；

重大事故：造成10人以上30人以下死亡，或者50人以上100人以下重伤，或者5000万元以上1亿元以下直接经济损失的事故；

较大事故：造成3人以上10人以下死亡，或者10人以上50人以下重伤，或者1000万元以上5000万元以下直接经济损失的事故；

一般事故：造成3人以下死亡，或者10人以下重伤，或者1000万元以下直接经济损失的事故。

二、《中华人民共和国道路交通安全法》及其实施条例※

为了维护道路交通秩序，预防和减少交通事故，保护人身安全，保护公民、法人和其他组织的财产安全及其他合法权益，提高通行效率，《中华人民共和国道路交通安全法》及其实施条例对道路运输车辆和驾驶员，以及驾驶员违法行为应承担的法律责任都做了明确规定。

1. 道路运输车辆与驾驶员

（1）国家对机动车实行登记制度。机动车经公安机关交通管理部门登记后，方可上道路行驶。

（2）准予登记的机动车应当符合机动车国家安全技术标准。申请机动车登记时，应当接受对该机动车的安全技术检验。

（3）驾驶机动车上道路行驶，应当悬挂机动车号牌，放置检验合格标志、保险标志，并随车携带机动车行驶证。机动车号牌应当按照规定悬挂并保持清晰、完整，不得故意遮挡、污损。

（4）对登记后上道路行驶的机动车，应当依照法律、行政法规的规定，根据车辆用途、载客载货数量、使用年限等不同情况，定期进行安全技术检验。公安机关交通管理部门对符合国家安全技术标准的机动车，应当核发检验合格标志。机动车应当从注册登记之日起，按照下列期限进行安全技术检验：营运载客汽车5年以内每年检验1次；超过5年的，每6个月检验1次；大型、中型非营运载客汽车10年以内每年检验1次；超过10年的，每6个月检验1次。

（5）国家实行机动车强制报废制度，根据机动车的安全技术状况和不同用途，规定不同的报废标准。应当报废的机动车必须及时办理注销登记。达到报废标准的机动车不得上道路行驶。报废的大型客车及其他营运车辆应当在公安机关交通管理部门的监督下解体。

（6）任何单位或者个人不得有下列行为：拼装机动车或者擅自改变机动车已登记的结构、构造或者特征；改变机动车型号、发动机号、车架号或者车辆识别代号；伪造、变造或者使用伪造、变造的机动车登记证书、号牌、行驶证、检验合格标志、保险标志；使用其他机动车的登记证书、号牌、行驶证、检验合格标志、保险标志。

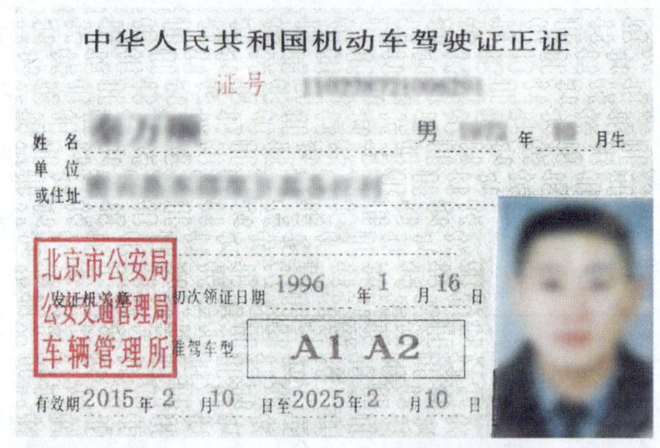

（7）驾驶机动车，应当依法取得机动车驾驶证。申请机动车驾驶证，应当符合国务院公安部门规定的驾驶许可条件；经考试合格后，由公安机关交通管理部门发给相应类别的机动车驾驶证。驾驶员应当按照驾驶证载明的准驾车型驾驶机动车；驾驶机动车时，应当随身携带机动车驾驶证。

（8）驾驶员驾驶机动车上道路行驶前，应当对机动车的安全技术性能进行认真检查；不得驾驶安全设施不全或者机件不符合技术标准等具有安全隐患的机动车。

（9）机动车驾驶员应当遵守道路交通安全法律、法规的规定，按照操作规范安全驾驶、文明驾驶。

（10）饮酒、服用国家管制的精神药品或者麻醉药品，或者患有妨碍安全驾驶机动车的疾病，或者过度疲劳影响安全驾驶的，不得驾驶机动车。

（11）机动车驾驶员在实习期内不得驾驶公共汽车、营运客车或者执行任务的警车、消防车、救护车、工程救险车。

2. 车辆通行

（1）公路载客汽车不得超过核定的载客人数，但按照规定免票的儿童除外，在载客人数已满的情况下，按照规定免票的儿童不得超过核定载客人数的10%。

（2）客运机动车不得违反规定载货。载客汽车除车身外部的行李架和内置的行李厢外，不得载货。载客汽车行李架载货，从车顶起高度不得超过0.5m，从地面起高度不得超过4m。

（3）机动车行经渡口，应当服从渡口管理人员指挥，按照指定地点依次待渡。机动车上下渡船时，应当低速慢行。

3. 法律责任

（1）以欺骗、贿赂等不正当手段取得机动车登记或者驾驶许可的，收缴机动车登记证书、号牌、行驶证或者机动车驾驶证，撤销机动车登记或者机动车驾驶许可；申请人在3年内不得申请机动车登记或者机动车驾驶许可。

（2）公路客运载客汽车超过核定乘员的，公安机关交通管理部门依法扣留机动车后，驾驶员应当将超载的乘车人转运，费用由超载机动车的驾驶员或者所有人承担。

（3）饮酒后驾驶营运机动车的，处15日拘留，并处5000元罚款，吊销机动车驾驶证，5年内不得重新取得机动车驾驶证。

（4）醉酒驾驶营运机动车的，由公安机关交通管理部门约束至酒醒，吊销机动车驾驶证，依法追究刑事责任；10年内不得重新取得机动车驾驶证，重新取得机动车驾驶证后，不得驾驶营运机动车。

（5）饮酒后或者醉酒驾驶机动车发生重大交通事故，构成犯罪的，依法追究刑事责任，并由公安机关交通管理部门吊销机动车驾驶证，终生不得重新取得机动车驾驶证。

（6）公路客运车辆载客超过额定乘员的，处200元以上500元以下罚款；超过额定乘员20%或者违反规定载货的，处500元以上2000元以下罚款。

（7）伪造、变造或者使用伪造、变造的机动车登记证书、号牌、行驶证、驾驶证的，由公安机关交通管理部门予以收缴，扣留该机动车，处15日以下拘留，并处2000元以上5000元以下罚款；构成犯罪的，依法追究刑事责任。

（8）伪造、变造或者使用伪造、变造的检验合格标志、保险标志的，由公安机关交通管理部门予以收缴，扣留该机动车，处10日以下拘留，并处1000元以上3000元以下罚款；构成犯罪的，依法追究刑事责任。

（9）使用其他车辆的机动车登记证书、号牌、行驶证、检验合格标志、保险标志的，由公安机关交通管理部门予以收缴，扣留该机动车，处2000元以上5000元以下罚款。

（10）违反道路交通安全法律、法规的规定，发生重大交通事故，构成犯罪的，依法追究刑事责任，并由公安机关交通管理部门吊销机动车驾驶证。造成交通事故后逃逸的，由公安机关交通管理部门吊销机动车驾驶证，且终生不得重新取得机动车驾驶证。

《中华人民共和国刑法修正案（八）》对违反交通法规行为的处罚规定

违反交通运输管理法规，因而发生重大事故，致人重伤、死亡或者使公私财产遭受重大损失的，处3年以下有期徒刑或者拘役；交通运输肇事后逃逸或者有其他特别恶劣情节的，处3年以上7年以下有期徒刑；因逃逸致人死亡的，处7年以上有期徒刑。在道路上驾驶机动车追逐竞驶，情节恶劣的，或者在道路上醉酒驾驶机动车的，处拘役，并处罚金。有上述行为，同时构成其他犯罪的，依照处罚较重的规定定罪处罚。

第二节 《中华人民共和国劳动法》和《中华人民共和国劳动合同法》*

《中华人民共和国劳动法》（简称《劳动法》）和《中华人民共和国劳动合同法》（简称《劳动合同法》）的建立是为了保护劳动者的合法权益，明确劳动合同双方当事人的权利和义务。道路运输驾驶员应了解《劳动法》和《劳动合同法》的规定，熟知自身的权利和义务，保障合法权益不受侵害。

一、从业人员在劳动生产方面应有的权利、应尽的义务

道路运输驾驶员享有取得劳动报酬、获得劳动安全卫生保护、接受职业技能培训、享受社会保险和福利等劳动权利。道路运输驾驶员可依法行使安全生产权利，拒绝企业管理人员违章指挥、强令冒险作业。

道路运输驾驶员发现直接危及人身安全的紧急情况时，有权在采取可能的应急措施后撤离车辆。道路运输驾驶员因生产安全事故受到损害，可依法享有工伤保险。发现事故隐患后，道路运输驾驶员应及时向本企业安全生产管理人员报告。

道路运输驾驶员应该履行完成劳动任务、提高职业技能、执行劳动安全卫生规程、遵守劳动纪律和职业道德等劳动义务。

二、劳动合同的订立、履行、变更、解除和终止

劳动合同是劳动者与用人单位确立劳动关系、明确双方权利和义务的协议。道路运输驾驶员与道路运输企业建立劳动关系时，应订立劳动合同。劳动合同从依法订立时起便具有法律约束力。

劳动报酬和社会保险、工作时间和休息休假、工作内容和工作地点、劳动保护、劳动条件和职业危害防护等属于劳动合同的必备条款。道路运输驾驶员与运输企业订立劳动合

同时，应该确认载明防止职业危害、保障劳动安全、办理工伤保险等事项。

违反法律、行政法规的劳动合同，采取欺诈、威胁手段订立的劳动合同都是无效的。道路运输驾驶员与道路运输企业发生劳动争议时，应该通过依法申请调解、仲裁、提起诉讼、协商等途径解决。

订立和变更劳动合同应该遵循平等自愿、协商一致的原则，不得违反法律、行政法规的规定。道路运输驾驶员在劳动合同中发现“发生交通事故，个人承担责任”的条款，根据《中华人民共和国安全生产法》，该合同无效。

思考题

1. 道路运输驾驶员去某道路运输企业应聘，企业要求上交身份证，待入职之日归还，如何评价这种行为？（提示：企业行为违反《劳动合同法》）

2. 道路运输驾驶员去某道路运输企业应聘，企业要求收取500元的入职培训费，如何评价这种行为？（提示：企业行为违反《劳动合同法》）

一般情况下，道路运输驾驶员解除劳动合同时应该提前30日以书面形式通知道路运输企业。驾驶员因工负伤被确认部分丧失劳动能力，驾驶员患病、在规定的医疗期内，运输企业不能解除与驾驶员的劳动合同。

出现企业未按劳动合同约定提供劳动保护、企业未及时足额支付劳动报酬、企业未依法为驾驶员缴纳社会保险费、企业规章制度违反法律法规及损害驾驶员权益等情形时，道路运输驾驶员可以解除劳动合同。

变更劳动合同时应该采用书面形式。出现劳动合同期满、驾驶员依法享受基本养老保险待遇、企业被依法宣告破产、企业被吊销营业执照、企业被责令关闭、企业被撤销等情形时，劳动合同终止。

三、货运企业所承担的法律责任

运输企业和驾驶员都必须履行劳动合同规定的义务。运输企业应该对低于当地最低工资标准支付驾驶员工资、无正当理由辞退驾驶员后未按规定给予经济补偿、未向驾驶员提供必要的劳动防护用品等违反《劳动法》的行为承担法律责任。

第三节 中华人民共和国反恐怖主义法*

《中华人民共和国反恐怖主义法》的建立是为了防范和惩治恐怖活动，加强反恐怖主义工作，维护国家安全、公共安全和人民生命财产安全。道路运输驾驶员应熟知反恐怖主义法的相关条款，确保运输安全。

一、从业人员应对恐怖事件应尽的义务及所承担的法律责任

道路运输驾驶员有协助、配合有关部门开展反恐怖主义工作的义务，发现恐怖活动嫌疑或者恐怖活动嫌疑人员时，应当及时向公安机关或者有关部门报告。

道路运输驾驶员应阅读并熟知企业的《应急预案》和《应急演练组织办法》。

二、安全查验、运输追踪监控等相关规定

道路货物运输企业应该实行安全查验制度，对客户身份进行查验，依照规定对货物进行安全检查或者开封验视。对法律法规禁止运输、存在重大安全隐患、客户拒绝安全查验的货物，不得运输。

道路运输企业应当依照规定对运营中的危险化学品、民用爆炸物品、核与放射物品的运输工具通过定位系统实行监控。

三、恐怖事件的安全防范与应对处置

道路运输驾驶员应该遵循保持冷静、安全第一，小心谨慎、仔细应对，见机行事、及时报警，做好记录、保护现场等原则应对恐怖事件。

道路运输驾驶员遇到恐怖事件后，应记住恐怖分子的显著特征、找机会发出求援信息、时刻做好防范准备，切忌鲁莽与恐怖分子进行搏斗。道路运输驾驶员遇到恐怖事件报警时应该提供受困人员详细信息、恐怖分子详细信息、可依靠的有利条件等信息。

第四节　中华人民共和国道路运输条例

《中华人民共和国道路运输条例》是为了维护道路运输市场秩序，保障道路运输安全，保护道路运输有关各方当事人的合法权益，促进道路运输业的健康发展而制定的法规。

从事道路运输经营及道路运输相关业务，应当依法经营，诚实守信，公平竞争。道路运输管理应当公平、公正、公开和便民。国家鼓励道路运输经营者实行规模化、集约化经营，任何单位和个人不得封锁或者垄断道路运输市场。

国务院交通主管部门主管全国道路运输管理工作。县级以上地方人民政府交通主管部门负责组织领导本行政区域的道路运输管理工作。县级以上道路运输管理机构负责具体实施道路运输管理工作。

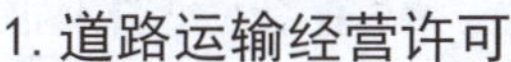

1. 道路运输经营许可

（1）申请从事客运经营的，应当具备下列条件：有与其经营业务相适应并经检测合格的车辆；有符合规定条件的驾驶人员；有健全的安全生产管理制度。申请从事班线客运经营的，还应当有明确的线路和站点方案。

（2）申请从事客运经营的，应当按照下列规定提出申请并提交符合规定条件的相关材料：

①从事县级行政区域内客运经营的，向县级道路运输管理机构提出申请；

②从事省、自治区、直辖市行政区域内跨2个县级以上行政区域客运经营的，向其共同的上一级道路运输管理机构提出申请；

③从事跨省、自治区、直辖市行政区域客运经营的，向所在地的省、自治区、直辖市道路运输管理机构提出申请。

（3）申请从事道路货物运输经营的，应该具备与经营业务适应并经检测合格的车辆、符合规定条件的驾驶员、健全的安全生产管理制度等条件。

2. 经营管理

（1）为确保道路运输安全，道路运输经营者要加强对从业人员安全教育、职业道德等方面的培训。

（2）道路运输经营者应确保投入营运的车辆符合国家规定的技术标准，不得使用报废的、擅自改装的、不符合国家规定的车辆。

（3）生产（改装）客运车辆的企业标定车辆的核定人数时，要依据国家规定。客运经营者应当为旅客投保承运人责任险。

（4）国家鼓励货运经营者实行封闭式运输，保证环境卫生和货物运输安全。遇到法律、行政法规禁止运输的货物时，应该拒绝运输。遇到法律、行政法规规定必须办理有关手续后方可运输的货物时，应该查验有关手续后运输。货车应该规范装载，装载物不可触地拖行。

（5）驾驶员进行道路运输时应随车携带道路运输证。道路运输证不得出租、转让、伪造、注销。驾驶员应该遵守道路运输操作规程，不得违章作业。驾驶员违反《中华人民共和国道路运输条例》相关规定，会受到罚款、没收违法所得、吊销许可证件等处罚。

禁止超员

3. 应急处置

道路运输经营者应该针对突发事件、交通事故、自然灾害制订应急预案。制订的应急预案除报告程序、应急指挥外，还应当包括应急车辆、设备的储备、处置措施。

发生交通事故、自然灾害及其他突发事件时，道路运输经营者要服从县级以上人民政府的统一调度、指挥。

4. 国际道路运输经营规定

（1）申请从事国际道路运输经营的，应该具备下列条件：依法取得国内道路运输经营许可证；在国内从事道路运输经营满3年，且未发生重大以上道路交通责任事故。

（2）申请从事国际道路运输的，应当向省、自治区、直辖市道路运输管理机构提出申请并提交相关材料。省、自治区、直辖市道路运输管理机构自受理申请之日起20日内审查完毕，作出批准或者不予批准的决定。予以批准的，向国务院交通运输主管部门备案；不予批准的，向当事人说明理由。

（3）国际道路运输经营者应当持批准文件依法向有关部门办理相关手续。

（4）中国国际道路运输经营者应当在其投入运输车辆的显著位置，标明中国国籍识别标志。

（5）外国国际道路运输经营者的车辆在中国境内运输，应当标明本国国籍识别标志，并按照规定的运输线路行驶；不得擅自改变运输线路，不得从事起止地都在中国境内的道路运输经营。

（6）外国国际道路运输经营者经国务院交通运输主管部门批准，可以依法在中国境内设立常驻代表机构。常驻代表机构不得从事经营活动。

第五节 《公路安全保护条例》和《超限运输车辆行驶公路管理规定》*

《公路安全保护条例》和《超限运输车辆行驶公路管理规定》的建立是为了加强公路保护，保障公路完好、安全和畅通，加强超限运输车辆行驶公路管理，保障公路设施和人民生命财产安全。道路运输驾驶员应熟知相关条款，确保依法、依规运输。

一、超限运输有关规定及货物装载有关要求

道路货物运输经营者承运外廓尺寸超过公路限宽、限长标准的不可解体货物时，应该向交通运输管理部门申请公路超限运输许可。

道路运输驾驶员进行超限运输时，应当依法申请取得公路超限运输许可，随车携带“超限运输车辆通行证”，按照指定的时间、路线和速度行驶，并按照有关要求在车上悬挂明显标志。

接受检查

大件运输车辆及装载物品的有关情况应与“超限运输车辆通行证”记载的内容一致。运输不可解体物品需要改装车辆时，应该由具有资质的车辆生产企业按照规定的车型和技术参数进行改装。超限运输车辆需要在公路上临时停车时，应该在车辆周边设置警告标志，并采取相应的安全防范措施。

二、大件运输许可、车辆和行驶公路相关规定

在公路、公路桥梁或者公路隧道行驶的车辆受到限载、限高、限宽、限长的限制。

根据《超限运输车辆行驶公路管理规定》，车货总高度从地面算起超过4m的货车是超限运输车辆，车货总宽度超过2.55m的货车是超限运输车辆。

大件运输车辆通行公路桥梁时，应当匀速居中行驶。进行超限运输需要对道路进行加固、改造时，所需费用由承运人承担。大件运输车辆需要较长时间停车时，应驶离公路，在附近安全区域停车。

道路货物运输驾驶员应按照指引接受超限检测，不得出现故意堵塞固定超限检测站点通行车道、强行通过固定超限检测站点、以短途驳载等方式逃避超限检测的行为。

道路运输驾驶员在运输中发现货物掉落、遗洒或者飘散时，若能处理，应及时采取措施处理，不能处理时，应按规定设置警示标志，迅速报告有关部门。

同一车辆短期内多次通行固定路线，装载方式、装载物品相同，不需要采取加固、改造措施的，承运人可以申请办理长期（不超过6个月）“超限运输车辆通行证”。

思考题

装载物易掉落、遗洒或者飘散时，下图中哪种车辆更适合运输？提示：A车

三、驾驶员违法行为所应承担的责任

申请公路超限运输许可时，隐瞒有关情况或者提供虚假材料，1年内不准申请公路超限运输许可。道路运输驾驶员进行超限运输时未随车携带“超限运输车辆通行证”，将被公路管理机构扣留车辆。道路运输驾驶员使用伪造、变造的“超限运输车辆通行证”，由公路管理机构没收伪造、变造的超限运输车辆通行证，并处以罚款。

听从统一指挥

大件运输车辆有未经许可擅自在公路上行驶，车辆及装载物品与“超限运输车辆通行证”记载不一致，未按许可的时间、路线、速度行驶，未按许可的护送方案采取护送措施行为的，视为违法超限运输。道路运输驾驶员一年内违法超限运输超过3次，将被责令停止从事营业性运输。

第六节　道路运输车辆技术管理规定*

道路运输车辆技术等级应当达到二级以上。危货运输车、国际道路运输车辆、从事高速公路客运以及营运线路长度在800 km以上的客车，技术等级应当达到一级。货车的外廓尺寸、轴荷和最大允许总质量应该符合《汽车、挂车及汽车列车外廓尺寸、轴荷及质量限值》（GB 1589—2016）的要求。货车必须装备的安全防护装置包括三角警告标志、车身反光标识、灭火器。货车和挂车应在后部、侧面设置符合要求的车身反光标识。

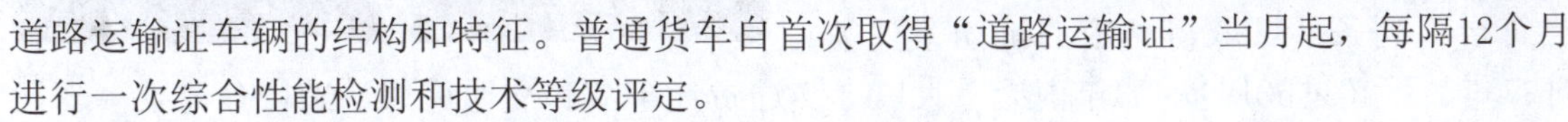

车辆日常维护由驾驶员负责实施。车辆一级维护和车辆二级维护由运输企业组织实施。道路运输经营者可以对自有车辆进行二级维护作业，保证投入运营的车辆符合技术管理要求，无须进行二级维护竣工质量检测。车辆维护周期由运输企业结合车辆类别、车辆运行状况、行驶里程、道路条件、使用年限等因素决定。

道路运输驾驶员不得擅自改变已获得道路运输证车辆的结构和特征。普通货车自首次取得“道路运输证”当月起，每隔12个月进行一次综合性能检测和技术等级评定。

车辆技术档案应该包括车辆基本信息、技术等级评定记录、维护和修理记录、主要零部件更换记录、车辆变更记录、行驶里程数据、对车辆造成损伤的交通事故记录等内容。车辆所有权转移、转籍时，车辆技术档案应随车移交。

擅自将客车改为货车、擅自更改车身颜色、擅自改变车辆外廓尺寸的行为，属于非法改装道路运输车辆。非法改装道路运输车辆会破坏车辆结构和性能，增大行车危险性，造成运输市场的不公平竞争，破坏道路基础设施，污染环境。

车辆技术状况未达到《道路运输车辆综合性能要求和检验方法》（GB 18565—2016）的要求，未按照规定的周期和频次进行车辆综合性能检测和技术等级评定，未建立道路运输车辆技术档案或者档案不符合规定，未做好车辆维护记录的行为违反了《道路运输车辆技术管理规定》，应当承担法律责任。

第七节 《道路运输从业人员管理规定》、《道路旅客运输及客运站管理规定》和《道路货物运输及站场管理规定》

《道路运输从业人员管理规定》、《道路旅客运输及客运站管理规定》和《道路货物运输及站场管理规定》对驾驶员从业资格申请程序、条件、考试及证件使用，驾驶员从业行为规范，驾驶员诚信考核、继续教育，道路运输经营进行了明确规定。

一、道路运输从业人员管理规定

交通运输部负责全国道路运输从业人员管理工作。县级以上地方人民政府交通运输主管部门负责组织领导本行政区域内的道路运输从业人员管理工作。县级以上道路运输管理机构具体负责本行政区域内经营性道路运输驾驶员的管理工作。

1. 从业条件

（1）经营性道路旅客运输驾驶员应当符合下列条件：取得相应的机动车驾驶证1年以上；年龄不超过60周岁；3年内无重大以上交通责任事故和交通违法记满12分记录；掌握相关道路旅客运输法规、机动车维修和旅客急救基本知识；经考试合格，取得相应的从业资格证件。

（2）经营性道路货物运输驾驶员应当符合下列条件：取得相应的机动车驾驶证；年龄不超过60周岁；3年内无重大以上交通责任事故和交通违法记满12分记录；掌握相关道路货物运输法规、机动车维修和货物装载保管基本知识；经考试合格，取得相应的从业资格证件。

2. 从业资格考试

国家对道路运输从业人员实行从业资格考试制度。经营性道路客货运输驾驶员和道路危险货物运输从业人员必须取得相应从业资格，方可从事相应的道路运输活动。道路运输从业人员从业资格考试应当按照交通运输部编制的考试大纲、考试题库、考核标准、考试工作规范和程序组织实施。经营性道路客货运输驾驶员从业资格考试由设区的市级道路运输管理机构组织实施。

申请参加经营性道路运输驾驶员从业资格考试的人员，应当向其户籍地或者暂住地设区的市级道路运输管理机构提出申请，填写《经营性道路客货运输驾驶员从业资格考试申请表》，并提供下列材料：身份证明及复印件；机动车驾驶证及复印

件；公安机关交通管理部门出具的3年内无重大以上交通责任事故和交通违法记满12分记录的证明。

（1）交通运输主管部门和道路运输管理机构对符合申请条件的申请人应当安排考试。

（2）交通运输主管部门和道路运输管理机构应当在考试结束10日内公布考试成绩。对考试合格人员，应当自公布考试成绩之日起10日内颁发相应的道路运输从业人员从业资格证件。

（3）道路运输从业人员从业资格考试成绩有效期为1年，考试成绩逾期作废。

（4）申请人在从业资格考试中有舞弊行为的，取消当次考试资格，考试成绩无效。

3. 从业资格证件管理

（1）经营性道路客货运输驾驶员经考试合格后，取得“中华人民共和国道路运输从业人员从业资格证”。

（2）经营性道路客货运输驾驶员从业资格证件由设区的市级道路运输管理机构发放和管理。

（3）道路运输从业人员从业资格证件全国通用。

（4）已获得从业资格证件的人员需要增加相应从业资格类别的，应当向原发证机关提出申请，并按照规定参加相应培训和考试。

（5）道路运输从业人员从业资格证件由交通运输部统一印制并编号。

（6）道路运输从业人员从业资格证件有效期为6年。道路运输从业人员应当在从业资格证件有效期届满30日前到原发证机关办理换证手续。

（7）道路运输从业人员从业资格证件遗失、毁损的，应当到原发证机关办理证件补发手续。

（8）道路运输从业人员服务单位变更的，应当到交通运输主管部门或者道路运输管理机构办理从业资格证件变更手续。

（9）道路运输从业人员从业资格档案应当由原发证机关在变更手续办结后30日内移交户籍迁入地或者现居住地的交通运输主管部门或者道路运输管理机构。

（10）道路运输从业人员办理换证、补证和变更手续，应当填写《道路运输从业人员从业资格证件换发、补发、变更登记表》。

（11）交通运输主管部门和道路运输管理机构应当对符合要求的从业资格证件换发、补发、变更申请予以办理。

（12）申请人违反相关从业资格管理规定且尚未接受处罚的，受理机关应当在其接受处罚后换发、补发、变更相应的从业资格证件。

（13）经营性道路客货运输驾驶员在发证机关所在地以外从业，且从业时间超过3个月的，应当到服务地管理部门备案。

（14）道路运输从业人员有下列情形之一的，由发证机关注销其从业资格证件：持证人死亡的；持证人申请注销的；年龄超过60周岁的；机动车驾驶证被注销或者被吊销的；超过从业资格证件有效期180日未申请换证的。凡被注销的从业资格证件，应当由发证机关予以收回，公告作废并登记归档；无法收回的，从业资格证件自行作废。

4. 从业行为规定

交通运输主管部门和道路运输管理机构应当将道路运输从业人员的违章行为记录在《道路运输从业人员从业资格证》的违章记录栏内，并通报发证机关。发证机关应当将该记录作为道路运输从业人员诚信考核和计分考核的依据。

（1）经营性道路客货运输驾驶员应当在从业资格证件许可的范围内从事道路运输活动。

（2）道路运输从业人员在从事道路运输活动时，应当携带相应的从业资格证件，并应当遵守国家相关法规和道路运输安全操作规程，不得违法经营、违章作业。

（3）道路运输从业人员应当按照规定参加国家相关法规、职业道德及业务知识培训。

（4）经营性道路客货运输驾驶员不得超限、超载运输，连续驾驶时间不得超过4h。

（5）经营性道路旅客运输驾驶员应当按照规定填写行车日志。行车日志式样由省级道路运输管理机构统一制定。

（6）经营性道路旅客运输驾驶员应当采取必要措施保证旅客的人身和财产安全，发生紧急情况时，应当积极进行救护。

（7）经营性道路货物运输驾驶员应当采取必要措施防止货物脱落、扬撒等。严禁驾驶道路货物运输车辆从事经营性道路旅客运输活动。

5. 法律责任

（1）经营性道路客货运输驾驶员有下列行为之一的，由县级以上道路运输管理机构责令改正，处200元以上2000元以下的罚款；构成犯罪的，依法追究刑事责任：

①未取得相应从业资格证件，驾驶道路客货运输车辆的；

②使用失效、伪造、变造的从业资格证件，驾驶道路客货运输车辆的；

③超越从业资格证件核定范围，驾驶道路客货运输车辆的。

（2）经营性道路客货运输驾驶员有下列情形之一的，由发证机关吊销其从业资格证件：

①身体健康状况不符合有关机动车驾驶和相关从业要求且没有主动申请注销从业资格的；

②发生重大以上交通事故，且负主要责任的；

③发现重大事故隐患，不立即采取消除措施，继续作业的。

被吊销的从业资格证件应当由发证机关公告作废并登记归档。从事营运的大中型客货车驾驶员被吊销从业资格证件的，3年内不得重新申请参加从业资格考试。

6. 驾驶员诚信考核

诚信考核的目的是加强道路运输驾驶员动态管理，推进道路运输驾驶员诚信体系建设，引导道路运输驾驶员依法经营，诚实守信。鼓励道路运输驾驶员自觉遵守国家相关法律、行政法规及规章，诚实守信，文明从业，履行社会责任，为社会提供安全、优质的运输服务。

（1）道路运输驾驶员诚信考核等级分为优良、合格、基本合格和不合格，分别用AAA级、AA级、A级和B级表示。道路运输驾驶员诚信考核内容包括：

①安全生产情况：安全生产责任事故情况；

②遵守法规情况：违反道路运输相关法律、行政法规、规章的有关情况；

③服务质量情况：服务质量事件和有责投诉的有关情况。

（2）道路运输驾驶员诚信考核实行计分制，满分为20分，考核周期为12个月，从道路运输驾驶员初次领取从业资格证件之日起计算。一个考核周期届满，经签注诚信考核等级后，该考核周期内的计分予以清除，不转入下一个考核周期。道路运输驾驶员在考核周期内累计计分达到20分的，应当在计满20分之日起15日内，到档案所在地有培训资格的机构，接受不少于18个学时的道路运输法规、职业道德和安全知识的继续教育。继续教育结束后，道路运输驾驶员凭继续教育合格证明到设区的市级道路运输管理机构办理清除计分手续。

（3）道路运输驾驶员诚信考核等级，由道路运输管理机构按照下表所列标准进行评定。

道路运输驾驶员诚信考核等级评定标准

应具备的条件	等级
·上一考核周期的诚信考核等级为AA级及以上； ·考核周期内累计计分分值为0分	AAA
·未达到AAA级的考核条件； ·上一考核周期的诚信考核等级为A级及以上； ·考核周期内累计计分分值未达到10分	AA
·未达到AA级的考核条件； ·考核周期内累计计分分值未达到20分	A
考核周期内累计计分有20分及以上记录	B

（4）道路运输经营者应当加强对诚信考核等级为B级的道路运输驾驶员的教育和管理。对存在重大安全隐患的，应当及时将其调离驾驶员工作岗位。道路运输驾驶员有下列情形之一的，道路运输管理机构应当将其列入黑名单，并向社会公告：

①在考核周期内累计计分达到20分，且未按照规定参加继续教育培训的；

②无正当理由超过规定时间，未签注诚信考核等级的；

③从业资格证件被吊销的。

二、道路旅客运输及客运站管理规定※

国家实行道路客运企业等级评定制度和质量信誉考核制度，鼓励道路客运经营者实行规模化、集约化、公司化经营，禁止挂靠经营。

1. 客运经营许可

客运经营者欲从事班线客运经营，应该具备健全的安全生产管理制度、符合经营规定的驾驶人员、明确的线路和站点方案、与经营业务相适应并检测合格的车辆等条件。客运经营者欲从事旅游客运经营，应该具备符合经营规定的驾驶人员、健全的安全生产管理制度、检测合格的中级以上的营运客车等条件。

申请从事道路客运经营的，应当在依法向工商行政管理机关办理有关登记手续后，向道路运输管理机构提出申请。道路运输管理机构应在自受理客运经营申请之日起20日内，作出许可或者不予许可的决定。道路运输管理机构许可客运经营申请的，向申请人颁发道路运输经营许可证。道路运输管理机构核实被许可人的车辆符合要求后，向其投入运输的车辆配发道路运输证。

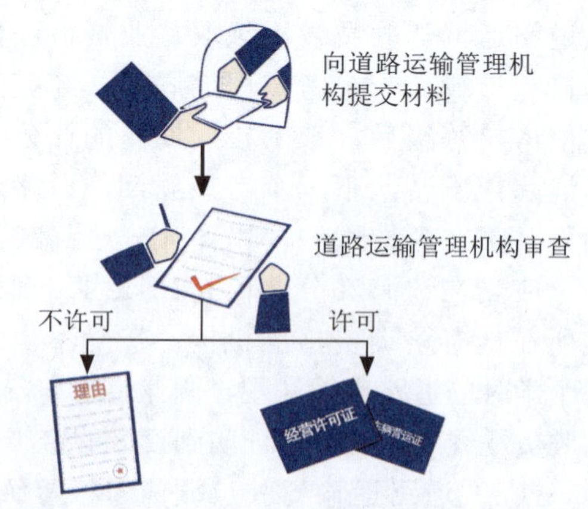

取得班线客运经营许可后，不得擅自暂停、终止或者转让班线运输。在客运班线经营中，无特大运输安全责任事故，无情节恶

劣的服务质量事件，可获得客运班线经营期限届满后申请延续经营的优先许可。

2. 客运经营管理

道路客运管理的宗旨是以人为本、安全第一。客运经营者应履行保证旅客人身、财产安全，保持车辆清洁、卫生等法律义务。

客运车辆应在车厢内显著位置公示运输管理机构监督电话、票价和里程表等信息。客运车辆应在车辆外部的适当位置喷印企业名称或标识。县级以上道路运输管理机构对客运车辆进行审验时，1年审验1次。

客运驾驶员应当掌握道路运输相关法规、汽车使用技术、安全意识与安全行车知识、道路旅客运输知识等基本知识。客运驾驶员应该接受运输企业组织的安全教育、职业道德教育、业务知识、操作规程等培训。

客运驾驶员驾驶客运班车时，应随车携带机动车驾驶证、行驶证、道路运输证、从业资格证、客运标志牌、道路客运班线经营许可证明，要按照许可的线路、班次、站点等要求运行，使用规定票证，遵守操作规程，文明服务，安全驾驶，不得有规定站点外上下旅客、随意改变行驶线路、沿途揽客等行为。客运驾驶员发现旅客携带违禁物品上车时，有权拒绝运输。

终止班线经营或暂停班线经营的，应该提前30日向原许可机关申请。客运班线经营期限届满，需要延续班线客运经营的，应当在届满前60日提出申请。

思考题

小贾取得全部经营许可证件后一直未投入运营，当他开始运营时，道路运输管理机构告诉他道路运输经营许可已经失效。可以推知，小贾不投入运营至少超过了多少天？（提示：180天）

3. 法律责任

乘客乘坐客运班车时，因交通事故造成人身伤害，客运公司应该承担相应的赔偿责任。乘客乘坐客运班车在服务区停车休息时，因客运驾驶员提前发车导致乘客滞留，客运公司应该承担相应的赔偿责任。取得客运经营许可后，使用无道路运输证的车辆运输，未给旅客投保承运人责任险等行为会被处以罚款。

三、道路货物运输及站场管理规定*

根据《道路货物运输及站场管理规定》，道路货物运输驾驶员应该接受道路运输企业组织的安全教育、职业道德教育、业务知识、操作规程等培训。

道路货物运输驾驶员运营时除了随车携带驾驶证，还要携带从业资格证、道路运输证、车辆行驶证等证件。春运、黄金周等客流高峰时，不得驾驶货车从事经营性道路旅客运输活动。

道路货物专用运输使用的车辆或设备包括集装箱、冷藏保鲜设备、罐式容器。大件运输车辆夜间停车休息时应设置标志灯。

第八节 《危险化学品安全管理条例》和《道路危险货物运输管理规定》*

驾驶员必须取得道路危险货物运输从业资格证，才能从事道路危险货物运输活动。未取得道路危险货物运输许可，不得从事道路危险货物运输。

日常运输中，不得将危险货物与普通货物混装运输。在未取得道路危险货物运输许可的情况下从事道路危险货物运输，将会受到罚款、有违法所得时没收违法所得、构成犯罪时追究刑事责任等处罚。

第三章

道路货物运输相关标准*

与2012年的“旧大纲”相比，2019年新颁布实施的《中华人民共和国道路货物运输驾驶员从业资格考试大纲》基本知识考试里专门增加了第三部分：道路货物运输相关标准，目的是通过增加对道路运输标准知识的考核，引导驾驶员树立学习、遵守标准的意识，实现道路运输生产和服务的标准化。

第一节 《机动车运行安全技术条件》（GB 7258）

货车正常行驶时，转向轮转向后应有一定的回正能力，以使货车具有稳定的直线行驶能力。机动车转向桥负荷大于4t时，必须采用转向助力装置。装有转向助力器的货车，当转向助力器失效后，仍具有用方向盘控制车辆转向的能力。

货车的行车制动控制装置与驻车制动控制装置应相互独立，离合器工作时不应有异响、抖动、不正常打滑现象。

道路货物运输驾驶员不能对货车的外部照明和信号装置进行改装。半挂牵引车的驾驶室后部上方必须设置车身反光标识。货车侧面车身反光标识的长度应大于等于车长的二分之一。

同一轴上轮胎的规格和花纹应该相同。货车的转向车轮不能装用翻新轮胎。货车转向轮的胎冠花纹深度应大于等于3.2mm。货车非转向轮的胎冠花纹深度应大于等于1.6mm。轮胎的胎面和胎壁上不应有长度超过25mm或深度足以暴露出轮胎帘布层的破裂和割伤。

第二节 《汽车、挂车及汽车列车外廓尺寸、轴荷及质量限值》（GB 1589）

《汽车、挂车及汽车列车外廓尺寸、轴荷及质量限值》规定了汽车、挂车及汽车列车的外廓尺寸、轴荷及质量的限值，适用于在道路上使用的汽车、挂车及汽车列车。

汽车及挂车的单轴、二轴组及三轴组的最大允许轴荷不应超过该轴或轴组各轮胎负荷之和。

二轴货车的最大允许总质量限值是18000 kg

三轴货车的最大允许总质量限值是25000 kg

三轴铰接列车的最大允许总质量限值是27000 kg

四轴货车的最大允许总质量限值是31000 kg

四轴铰接列车的最大允许总质量限值是36000 kg

五轴铰接列车的最大允许总质量限值是43000 kg

六轴铰接列车的最大允许总质量限值是49000 kg

六轴全挂列车的最大允许总质量限值是49000 kg

第三节 《道路运输车辆综合性能要求和检验方法》（GB 18565–2016）

《道路运输车辆综合性能要求和检验方法》是我国道路运输车辆技术管理和性能保持的重要技术法规和主要技术依据，在提高道路运输车辆性能水平、保障道路交通安全等方面发挥了十分重要的作用。

"新大纲"与之对应的考点是该标准中与道路运输车辆的相关技术要求和车辆检验有关的内容。公开题库中只涉及一道答案为正确的判断题：货车驾驶室应配置手提式灭火器。

第四节 《道路客货运输驾驶员行车操作规范》（JT/T 1134–2017）

道路运输驾驶员在出车前应确认卫星定位系统车载终端、行车记录、视频监控等设备齐全完好、工作正常。冷藏车驾驶员在出车前应确认车辆的制冷设备、温湿度记录仪工作正常，门封严密，车厢保温。罐车驾驶员在出车前应确认罐式容器内预留了膨胀空间。在冬季行经严寒地区时，应随车携带垫木和防滑链。

道路运输驾驶员在每日首次出车前应至少保证6h的睡眠时间，感觉疲劳乏力、头晕恶心或情绪不良、心绪起伏时，不得上路行驶，在高速公路上行车感到疲劳时，应选择在停车场或服务区停车休息。

道路货物运输驾驶员遇到货物属于禁止运输货物或存在重大安全隐患、托运人拒绝安全验视、托运人拒绝实名登记等情况时，应拒绝运输，要按以下要求使用限运、凭证运输物品的准运证明：在运单上加以标注，相关证明材料随货同行，运达后将证明材料交给收货人。

道路运输驾驶员在出车前应提前熟悉高速公路出入口、沿线服务区、其他中途休息场所、备用行车路线等信息，提前了解运行沿线的下列信息：道路等级、道路线形及设置情况，桥梁、涵洞、隧道的限值，恶劣天气和地质灾害预警信息，容易出现团雾、结冰、横风的路段信息。

道路运输驾驶员在交叉路口右转弯时，应通过后视镜观察右侧后轮的行驶轨迹，为其和路肩之间预留足够的转弯空间。在施画两条以上右转弯车道的交叉路口右转弯时，宜选择左侧车道；在施画两条以上左转弯车道的交叉路口左转弯时，宜选择右侧车道。

道路运输驾驶员在上坡路临时停车时，应该挂入低速挡，在下坡路临时停车时，应该挂入倒挡，并放置好垫木。发生交通事故，事故车辆占用对向车道或影响对向来车正常通行时，应该在车辆前方和后方同时摆放警告标志。

道路运输驾驶员应根据道路环境条件、天气条件、车辆技术性能、车辆装载质量等因素合理控制行驶速度和跟车距离。行车中观察到下列征兆，应预感到可能发生塌方、泥石流、山体滑坡：山坡土体出现变形，鼓包，裂缝；山坡有落石，且伴有树木摇晃；动物惊恐异常；山坡上出现异常声音。

第五节 《零担货物道路运输服务规范》（JT/T 620—2018）

零担货物是指一次托运不足装满整车，体积、质量和包装符合拼装成整车运输要求，并按质量或体积计算运费的货物。零担货物应按不同流向进行分拣。零担货物承运人发现禁运品时，应按照有关规定向相关部门报告，并及时通知托运人。

道路货物运输驾驶员发现零担货物与运单填写内容不符时，应提请托运人修改。配装零担货物时，道路货物运输驾驶员应该核对货物和运单是否相符、货物包装是否完好，轻装轻卸，堆码整齐。

零担货物到达目的地后，应在12h内通知收货人取货。保价运输的零担货物受损时，实际损失高于声明价值的，按照声明价值进行赔偿。因下列原因导致的货损货差，承运人不负责赔偿：不可抗力；包装完好，内装物损坏；货物的自然损耗和性质变化。

第四章

道路旅客运输知识※

道路运输旅客的目的是将旅客安全送达目的地。道路旅客运输驾驶员需要掌握道路旅客运输的基本知识和道路旅客运输服务的基本要求，使道路旅客运输更加安全、及时、高效、方便、舒适。通过本章的学习，驾驶员可以规范自己的行为，为乘客提供优质的服务。

第一节 道路旅客运输基本内容

一、道路旅客运输的分类和特点

道路客运经营，是指用客车或出租车运送旅客、为社会公众提供服务、具有商业性质的道路客运活动，包括班车（加班车）客运、包车客运、旅游客运、出租车客运。由于出租车客运另有管理规定，本书对出租车客运不做介绍。

（一）道路旅客运输的分类

1. 班车客运

班车客运是指营运客车在城乡道路上按照固定的线路、时间、站点、班次运行的一种客运方式，包括直达班车客运和普通班车客运。

2. 包车客运

包车客运是指以运送团体旅客为目的，将客车包租给用户安排使用，提供驾驶劳务，按照约定的起始地、目的地和路线行驶，按行驶里程或者包用时间计费并统一支付费用的一种客运方式。

包车客运按照其经营区域分为省际包车客运和省内包车客运，省内包车客运分为市际包车客运、县际包车客运和县内包车客运。

3. 旅游客运

旅游客运是指以运送旅游观光的旅客为目的，在旅游景区内运营或者其线路至少有一端在旅游景区（点）的一种客运方式。

旅游客运按照营运方式分为定线旅游客运和非定线旅游客运。

（二）道路旅客运输的特点

1. 运输区域广

道路旅客运输线路密集、运输区域广，能够建立城市与城市、城市与乡村、乡村与乡村之间的联系，能够服务到社会生产和生活的各个角落。

2. 运输组织多样

道路旅客运输组织形式多样，既可组织成一定规模完成大批量的运输任务，也可单车作业，上门接送旅客；既可独立承担客运任务，又可与其他运送方式组合成联合运输。道路旅客运输可以满足各种客运需要，长途、超长途、高速、旅游、包车和出租等运输方式，可以满足不同旅客的多种需求。

3. 适应性强

道路旅客运输受地理环境的限制较小，对道路、气候环境的适应性强，既可在高速路面上行驶，又可在偏远山区和乡村路面上行驶，还能深入到其他运输方式达不到的地方。

4. 机动、灵活、便利

道路旅客运输机动、灵活、方便，可实现门到门的直达运输。道路旅客运输购票快捷，运力调配方便，在春运、黄金周等客流高峰时期能根据客流变化随时调整运力，满足旅客随到随走的需求。

二、道路旅客运输车辆类型与使用

（一）道路旅客运输车辆类型

道路旅客运输车辆可分为特大型客车、大型客车、中型客车和小型客车四种。

营运客车类型划分

车辆类型	特大型客车（双层客车）	大型客车	中型客车	小型客车
划分标准	12m＜车身长度≤13.7m	9m＜车身长度≤12m	6m＜车身长度≤9m	3.5m＜车身长度≤6m

道路旅客运输车辆按等级划分，可分为18个等级。

营运客车等级划分

类　型	特大型客车（双层客车）	大型客车	中型客车	小型客车
等　级	高三级、高二级、高一级、中级和普通级	高三级、高二级、高一级、中级和普通级	高二级、高一级、中级和普通级	高二级、高一级、中级和普通级

（二）道路旅客运输车辆使用

（1）从事高速公路客运或者营运线路长度在800km以上的客运车辆，其技术等级应当达到行业标准《道路运输车辆技术等级划分和评定要求》（JT/T 198－2016）规定的一级技术等级。

（2）从事高速公路客运、旅游客运和营运线路长度在800km以上的客运车辆，其车辆类型等级应当达到行业标准《营运客车类型划分及等级评定》（JT/T 325－2018）规定的中级以上。

三、道路旅客运输的基本环节

道路旅客运输的基本环节包括售票、行包承运、候车、检票进站、组织上车、客车运行、旅客下车、验票出站、行包交付等。

（一）售票

车票是旅客乘车的凭证，是旅客运输企业给予旅客的收费收据，也是承运人与旅客之间的一种简易合同。

售票形式有多种，如预约售票、窗口售票、随车售票、上门售票、流动售票、设点售票、候车室售票、团体送票、网上售票等，以最大程度方便旅客购票为目的。

（二）行包承运

（1）旅客办理行包托运须凭有效客票，不得超过客票的有效行程和规定的质量或体积，超过规定时，其超过部分按行包质量或体积收费。

（2）凡托运的行包必须经过安全检查后方可办理托运，对拒检行包不办理托运。站务工作人员要查看行李包装、件数以及有无危险品等。不得托运危险物品和国家法律法规禁止托运的物品。不得在托运货物中夹带现金、易碎品及其他重要票证。

（3）托运人办理行包计费托运须出示本人身份证，在行包过磅计量后付款，并在

《行包托运单》上签字，确认托运生效，并在行李上贴挂标签。

（4）托运行包必须包装严密，捆扎牢固，标志明显，适宜装卸。应按先远后近的先后顺序和下重上轻的顺序装载。装载完毕后要苫盖严密，捆绑结实。

（5）客车到站后，驾驶员与站务人员办理行包交接手续。托运人凭票提取行包，当面点验行包件数及包装，交付行包后由承运部门收回提取单据。

（三）检票进站

检票是对上车旅客持有车票的车次、日期、到达站的确认，表示旅客旅行的开始，运输企业即承担起旅客的旅行和安全的责任。检票也是检查旅客有无误乘、漏乘的必经手续。

（四）组织上车

准时将车辆驶入指定位置，与乘务员做好配合，组织旅客有序上车，并帮助乘客安放好行李。乘客上车就座后，驾乘人员要在发车前告知安全乘车的注意事项。乘客乘车完毕后，车站值班站长或值班人员要对车辆进行最后一次检查，车辆确认安全后，即可出发。

（五）客车运行

（1）车辆应按照规定的线路、班次、站点运行，在规定的途经站点进站上下旅客。无正当理由不得改变行驶线路，不得站外上客或者沿途揽客。不得擅自变更运输工具，不得中途将旅客交由他人运输或甩客。不得用不正当的手段招揽旅客或强迫旅客乘车。

（2）行驶途中，每隔一段时间让旅客休息一次，重新开车前须清点车上人数；客车驾驶员连续驾驶时间不得超过4h。

（六）旅客下车出站

进站或到达目的地时，应按指定的位置或站位平稳停车，并协助车站人员或乘务员组织旅客下车，提醒旅客不要将物品遗留在车上。将行车路单和行包交接单等交予车站工作人员，说明本站下车人数，点交本站的行包、物品。检查车内是否有遗留物品，若发现有乘客遗留物品，应及时通知公司或设法归还失主。及时清理车内垃圾，定期对车辆进行消毒。

四、危险品的识别

携带危险物品乘车会给道路旅客运输安全带来重大隐患，所以应严禁携带任何危险物品进站上车。禁止携带的危险品种类包括以下几种。

（1）爆炸品类：雷管、导火索、火帽、引信、炸药、烟火制品（礼花、鞭炮、摔炮、拉炮等）、点火线、发令纸。

（2）压缩气体和液压气体类：甲烷、乙烷（压缩的、液压的）、丙烷、打火机、微型煤气炉用储气罐、气体杀虫剂。

（3）易燃液体类：汽油、酒精、柴油、油漆等。

（4）易燃固体类：红磷、火补胶。

（5）自燃物品类：黄磷、油布。

（6）遇湿易燃物品类：金属钠、铝镁粉。

（7）氧化剂和有机过氧化物类：过氧化氢（双氧水）、硝酸铵、氯酸钾。

（8）毒害品类：氰化物、砷、赛力散、灭鼠安（含各类鼠药）、敌百虫等杀虫剂、农药、砒霜等。

（9）放射性物品：夜光粉、发光剂、放射性同位素。

（10）腐蚀品：硝酸、硫酸、盐酸、苛性钠。

（11）刀具、枪械类：匕首、弹簧刀、管制刀具、自制枪、制式枪、仿真枪、子弹等。

事故警示

2011年7月22日凌晨4点左右，一辆由山东威海开往湖南长沙的严重超员（核载35人，实载47人）双层卧铺大客车在京珠高速公路由北向南938km+700m处突然爆炸起火，造成41人死亡，6人受伤，其中1人重伤。

据事后调查，此次卧铺客车燃烧事故系有关人员非法携带易燃易爆化工产品引发大火所致。

五、道路旅客运输合同

道路旅客运输合同是承运人将旅客从起运地点运输到约定地点，旅客支付票款的合同。客运合同自承运人向旅客交付客票时成立，但当事人另有约定或者另有交易习惯的除外。

（一）承运人的义务

（1）承运人应当在约定期间或者合理期间内将旅客安全运输到约定地点。

（2）承运人应当按照约定的或者通常的运输路线将旅客运输到约定地点。

（3）承运人应当及时向旅客告知有关不能正常运输的重要事由和安全运输应当注意的事项。

（4）承运人应当按照客票载明的时间和班次运输旅客。承运人迟延运输的，应当根据旅客的要求安排改乘其他班次或者退票。

（5）承运人擅自变更运输工具而降低服务标准的，应当根据旅客的要求退票或者减收票款；提高服务标准的，不应当加收票款。

（6）承运人在运输过程中，应当尽力救助患有急病、分娩、遇险的旅客。

（7）承运人应当对运输过程中旅客的伤亡承担损害赔偿责任，但伤亡是旅客自身健康原因造成的或者承运人证明伤亡是旅客故意、重大过失造成的除外。此规定适用于按照规定免票、持优待票或者经承运人许可搭乘的无票旅客。

（8）在运输过程中旅客自带物品毁损、灭失，承运人有过错的，应当承担损害赔偿责任。旅客托运的行李毁损、灭失的，适用货物运输的有关规定。

事故警示

2010年6月原告王某乘客车出差，途中，一块石头从未关好的车窗外飞入，砸中王某头部，王某顿时血流满面。事后王某找到客运公司负责人要求赔偿，对方却以伤害不是自己造成的为由，拒绝赔偿。

《中华人民共和国合同法》第302条规定，承运人应当对运输过程中旅客的伤亡承担损害赔偿责任，但伤亡是旅客自身健康原因造成的或者承运人证明伤亡是旅客故意、重大过失造成的除外。本例中，王某与客运公司之间存在运输合同是毫无疑问的，该客运公司理应依合同要求将王某及时、安全地送往目的地，而车窗未关好并不是旅客的故意或重大过失。因此，该客运公司以伤害不是由自己造成的为由拒绝赔偿是没有法律依据的。

（二）旅客的义务

（1）旅客应当支付票款或者运输费用。承运人未按照约定路线或者通常路线运输增加票款的，旅客可以拒绝支付增加部分的票款或者运输费用。

（2）旅客应当持有效客票乘运。旅客无票乘运、超程乘运、越级乘运或者持失效客票乘运的，应当补交票款，承运人可以按照规定加收票款。旅客不交付票款的，承运人可以拒绝运输。

（3）旅客因自己的原因不能按照客票记载的时间乘坐的，应当在约定的时间内办理退票或者变更手续。逾期办理的，承运人可以不退票款，并不再承担运输义务。

（4）旅客在运输中应当按照约定的限量携带行李。超过限量携带行李的，应当办理托运手续。

（5）旅客不得随身携带或者在行李中夹带违禁物品。旅客违反规定的，承运人可以将违禁物品卸下、销毁或者送交有关部门。旅客坚持携带或者夹带违禁物品的，承运人应当拒绝运输。

（6）旅客应文明乘车，不在车厢内吸烟，不乱扔杂物，不进行赌博等违纪活动。

（7）在乘车过程中有损坏运输工具的行为的，应承担赔偿责任。

六、道路旅客运输保险

1. 交强险

交强险是由保险公司对被保险机动车发生道路交通事故造成受害人（不包括本车人员和被保险人）的人身伤亡、财产损失，在责任限额内予以赔偿的强制性责任保险，属于责任保险的一种。在中华人民共和国境内道路上行驶的机动车的所有人或者管理人都应当投保交强险。

2. 承运人责任险

承运人责任险是一种责任保险，主要是指对客运经营者在运输过程中发生交通事故或者其他意外事故，致使旅客遭受人身伤亡或直接经济损失，依法应当由被保险人对旅客承担的赔偿责任，由保险公司在保险责任限额内给予赔偿。承运人责任险的保障范围包括旅客人身伤亡赔偿、旅客财产损失赔偿、相关的法律诉讼费用三部分。《道路运输条例》规定，客运经营者应当为旅客投保承运人责任险。

承运人责任险的被保险人为承运人，投保人是合法从事道路客运服务的承运人，保险受益人是旅客。保险事故发生后，被保险人因保险事故而被提起仲裁或者诉讼的，对应由被保险人支付的仲裁或诉讼费用以及事先经保险人书面同意支付的其他必要的、合理的费用，保险人按照合同约定也负责赔偿。

投保承运人责任险既能对旅客的人身伤害和财产损失进行赔偿，保障旅客权益，又能使承运人的责任风险得以转移。

第二节 道路旅客运输服务要求

一、客运车辆要求

（1）客车技术性能、技术等级、外廓尺寸、轴荷和质量都应符合国家标准（详细内容请参照本教材第二章第六节相关内容）。

（2）车辆必须经过公安系统车辆管理部门定期安全审验合格，技术状况良好，无残损迹象，车容整洁；安装有运输管理部门统一制作的标示、标示灯和设施。

（3）从事班线客运的，要携带线路牌；从事包车客运的，要携带包车客运标志牌；从事旅游客运的，根据旅游客运性质，是定线旅游客运还是非定线旅游客运，携带相应线路牌或旅游客运标志牌。

（4）应在客运车辆外部的适当位置喷印企业名称或标志，在车厢内公示运输管理机构监督电话、票价和里程表。

（5）应在车前风窗玻璃下侧放置运输管理部门统一制作的营运路线、区间标志和运输用途标志。

（6）旅游包车、三类以上班线客车，应安装使用具有行驶记录功能的卫星定位装置并有效接入全国联网联控系统。

二、驾驶员安全驾驶行为要求

客运驾驶员应当为旅客提供良好的乘车环境，确保车辆设备、设施齐全有效，保持车辆清洁、卫生，并采取必要的措施防止在运输过程中发生侵害旅客人身、财产安全的事故。

（一）行车前的准备

1. 做好车辆的日常检查

认真做好车辆日常检查和维护，确保车辆技术状况良好；保持车辆清洁和车内空气清新；保证车上消防等各项设施齐全有效；认真填写行车日志，做到安全驾驶、文明服务。

2. 检查应随车携带的证件

客车驾驶员应随车携带行驶证、驾驶证、道路运输证、从业资格证等有关证件，证件不得转让、出租；在规定位置放置客运标志牌；客运班车驾驶员还应当随车携带道路客运班线经营许可证明。

3. 遵守车站管理规定

客车驾驶员应服从车站管理人员的指挥和管理，保证正点运行；行驶中遇稽查人员查车时，应主动停车接受检查。

4. 为乘客提供优质服务

客车驾驶员应协助乘务员组织乘客上车，装运行李；维护好乘客乘车秩序；检查行李装捆情况，尺寸、重量是否符合规定；防止乘客在门道或者过道上放置行李；提醒乘客注意安全。

（二）安全、规范驾驶要求

1. 系好安全带

驾驶员按规范进入驾驶室，系好安全带，并提醒旅客系好安全带。

2. 做好行车前安全检查

驾驶员应调整好座椅和后视镜位置，关好车门；启动发动机后应查看仪表情况是否正常。

3. 仔细观察

驾驶员应观察外后视镜，注意车身两侧的障碍物，同时从室内后视镜观察旅客的情况，并进一步确认车门是否关好。

4. 平稳安全起步

驾驶员确认安全后，平稳起步，缓缓驶入正常行驶路线，保持平稳车速行驶；客车起步、行驶和停车时，应当尽可能平稳，以避免乘客受伤；行车途中应提醒乘客注意安全，不要将手和头部伸出窗外。

5. 安全平稳行车

（1）平缓转向。客车转弯时，要考虑到车辆的平稳和乘客的舒适，提前减速，转向应平缓，转动转向盘的幅度要小，转动速度尽量放慢。

（2）保持直线行驶。行车中要尽量保持直线行驶，转向时幅度要小，避免大幅度转动转向盘，不得曲线行驶或频繁变更车道。

（3）平稳行驶。行车中，遇道路上有凹凸沟槽时，应及时减速，低速缓慢通过，以免因车辆突然颠簸而伤害乘客。

（4）缓慢平稳停车。停车时应考虑到旅客的舒适和安全，提前减速，缓慢转动转向盘。制动不能过急，使车辆停住时旅客身体不前倾。

（5）正确处理紧急情况。驾驶员应采取预见性驾驶，避免出现紧急危险情况；当出现紧急情况时应采取冷静、果断的处理方法，避重就轻、先顾人后顾物。

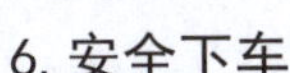

6. 安全下车

车辆未停稳前不准开启车门上下乘客；开门上下乘客前要注意车身右侧的移动障碍物，避免发生冲撞；提醒下车的乘客注意来往的车辆。

7. 检查清洗车辆

收车后驾驶员应对车辆进行检查，检查有无遗留物并按规定处理；填写行车日志；对车辆进行清洁、消毒。

（三）危险地段的安全驾驶要求

1. 通过漫水桥

通过漫水桥前应停车观察，确认安全后，组织乘客下车步行过桥，车辆在引导下低速通过；如果洪水漫过桥面情况严重，不得冒险通过。

2. 行经险桥、危险地段

应停车查明道路情况，确认安全后，组织旅客下车步行通过，车辆方可低速通过，不能通过时应绕行。

3. 行经渡口

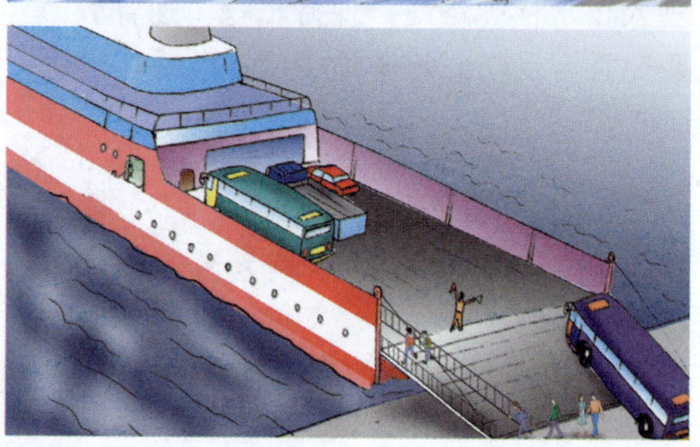

应先组织乘客下车，按渡口管理人员的指挥，进入行人通道上船；车辆按照渡口的要求驶入指定的位置等待过渡，上船时应服从管理人员的指挥，依次平稳上船。

4. 加注燃油和修理

对车辆加注燃油或进行修理前，应选择远离加油站和修车点的安全地方让乘客下车等候，燃油加注和修理完毕后再组织乘客上车，并清点好车上人数。

5. 高速公路上故障停车

客车在高速公路上因故障需要临时停车时，驾驶员要开启危险报警闪光灯，在来车方向放置警告标志，并立即将乘客转移到路面以外的安全地带。

（四）道路旅客运输中禁止的行为

1. 不规范的经营行为

（1）采用不正当的手段招揽旅客。

（2）运输途中擅自变更运输车辆或者将旅客移交他人运输。

2. 不规范的驾驶行为

（1）超员运行或者违反规定载货。

（2）驾驶客车时吸烟、与他人进行交谈、接听或拨打手持电话。

（3）驾驶班车不按批准的客运站点停靠或者不按规定的线路、公布的班次行驶。

（4）伪造、变造或者使用伪造、变造的机动车驾驶证、道路运输证和从业资格证。

（五）行车日志的使用

1. 行车日志的内容

行车日志是记录道路旅客运输驾驶员每日运送旅客时，车辆的具体运行路线、运行时间、客运站安全检查情况、行经道路状况、中途经停驶离站点与时间、行车中车辆发生故障与事故、运行途中车辆检查与修理等情况的表单。

2. 行车日志的作用

行车日志是运输企业加强对驾驶员和车辆动态监督的重要手段。道路驾驶员应当按照各省的规定，规范填写行车日志的每一项内容，以便为驾驶员安全教育、驾驶员绩效安全考核提供翔实的记录。

三、班车客运服务要求

（一）班车客运形式

1. 直达班车

是指由始发站直达终点站，中途只作必要的技术性、生活性间歇，但不上下旅客的班车。

2. 普通班车

普通班车分普快班车和普客班车。普快班车是指站距较长，沿途只停靠县、市及乡、镇等主要站点的班车。普客班车是指运距较短，停靠站点较多，配备随车乘务员的班车。

3. 农村客运班车

指县内或者毗邻县间至少有一端在乡村的客运班线。

4. 加班车

加班车客运是班车客运的一种补充形式，在客运班车不能满足需要或者无法正常运营时，临时增加或者调配客车按客运班车的线路、站点运行。

（二）班车客运线路分类

班车客运的线路根据经营区域和营运线路长度分为以下四种类型。

1. 一类客运班线

地区所在地与地区所在地之间的客运班线或者营运线路长度在800km以上的客运班线。

2. 二类客运班线

地区所在地与县之间的客运班线。

3. 三类客运班线

非毗邻县之间的客运班线。

4. 四类客运班线

毗邻县之间的客运班线或者县境内的客运班线。

（三）班车客运服务流程

班车客运服务流程具体如下图所示。

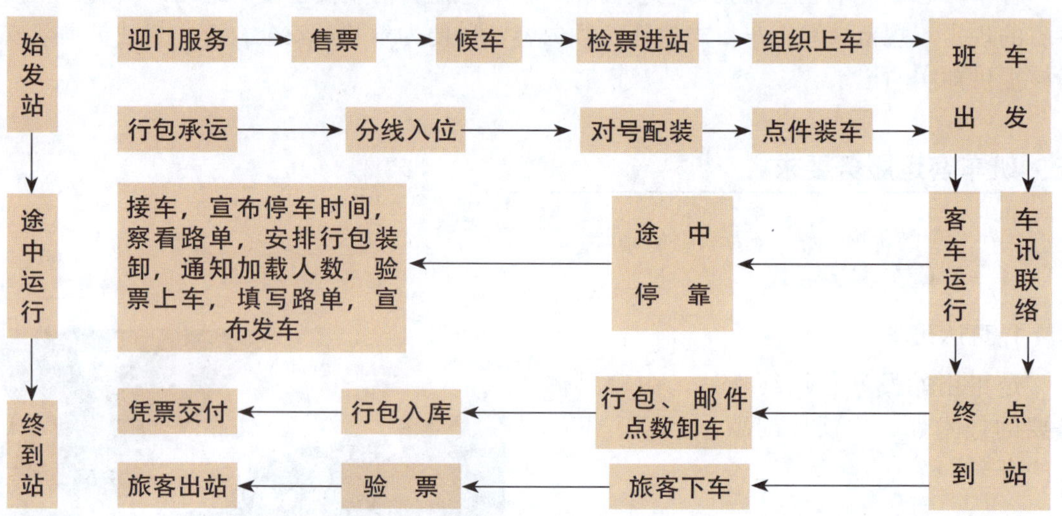

班车客运服务基本环节

（四）班车客运服务规范

1. 岗前准备

（1）按客运站统一安排调派车辆应班。

（2）班车客运人员必须随车携带行驶证、驾驶证、道路运输证、从业资格证和道路客运班线经营许可证明等有关证件，并在规定位置放置客运标志牌。

（3）进站客运经营者应在发车30 min前备齐相关证件，进站等待发车，不得误班、脱班、停班。进站客运经营者不按规定发车，1 h以内视为误班，1 h以上视为脱班。但因车辆维修、肇事、丢失或者交通堵塞等特殊原因不能按时发车、且已提前告知客运站经营者的除外。

（4）进站客运经营者因故不能发车，应当提前1日告知客运站经营者，双方要协商调度车辆顶班。对无故停运达3日以上的进站班车，客运站经营者应当报告当地道路运输管理机构。

（5）驾驶员出发前要调整好自己的情绪，以饱满的工作热情进入良好的工作状态。工作中要面带微笑，举止自然得体，语言亲切礼貌。

2. 组织乘客上车

（1）准时将车辆驶入指定站台，做好旅客上车准备，并与车站服务人员和乘务员做好配合。条件允许时，主动打开车门，站在开门一侧面向旅客引导其上车，并协助老、幼、病、残、孕旅客上车。

（2）旅客上车后，协助车站站务人员检查行李的装捆情况，以免出现行李差错；帮助乘务员清点旅客人数，避免漏乘，杜绝超员超载。

（3）驾乘人员利用发车前的时间向旅客告知紧急出口的位置等安全乘车事项以及本次班车的终点、中途停靠站、发车时间、中途膳宿时间和地点、到达时间等事项。开车前的短暂宣传，是保证安全行车的有效措施之一。

温馨提示

道路客运安全告知制度

道路客运安全告知制度可以充分发挥社会各界特别是广大乘客监督作用，是切实加强道路客运安全生产管理的重要手段，是向公众普及安全应急处置知识的重要途径。

1. 安全告知的主要内容

（1）客运公司名称、客车号牌、驾驶员及乘务员姓名和监督举报电话。

（2）客运车辆核定载客人数、行驶线路、经批准的停靠站点、中途休息站点。

（3）法律法规规定事项，如禁止旅客携带或客运车辆装运的危险品，禁止超载、超速、疲劳驾驶的规定，特别是连续驾驶时间不得超过4h；禁止在高速公路上和未经批准的站点上下客；禁止携带危险品进站上车；禁止改变线路行驶；禁止关闭GPS；禁止客车22时至凌晨6时途经三级以下山区公路等达不到夜间安全通行条件的路段；卧铺客车凌晨2时至5时停车休息以及客运票价的有关规定等。

（4）车辆安全出口及应急出口逃生、安全带和安全锤使用方法。

2. 安全告知的方法

（1）由乘务员或驾驶员在发车前向乘客告知。

（2）在车内明显位置表示客运车辆核定载客人数、经批准的停靠站点和投诉举报电话。

（3）发车前向乘客播放由省级交通运输主管部门统一制作的音像资料。

3. 规范发车

（1）发车前向旅客再次强调不得携带国家规定的危险物品和禁运物品乘车。

（2）旅客上车完毕后对车辆进行发车前的检查，确认各项工作就绪，车辆前后、左右、上下情况正常，车站发出允许放行信号后方可启程。

4. 安全运营

客运班车应按照规定的线路、班次、站点运行，在规定的途经站点进站上下旅客，无正当理由不得改变行驶线路，不得站外上客或者沿途揽客。经许可机关同意，在农村客运班线上运营的班车可采取区域经营、循环运行、设置临时发车点等灵活的方式运营。

5. 乘客下车

进站或到站时，应按指定的位置或站位平稳停车，并协助车站人员或乘务员组织旅客下车。

四、包车客运服务要求

（一）包车客运类型

（1）计程包车。指按包车约定的行驶里程计费的包车方式（超过约定的行驶里程时，按实际行驶里程计费）。

（2）计时包车。指按包车使用的时间长短计费的包车方式。

（二）包车服务规范

1. 岗前准备

（1）包车人包车时一般应事先向包车经营者预约，并填写“包车预约书”，办理包车手续。

（2）包车经营者主动与包车人联系，了解包车时间、行车路线、行驶里程等具体要求。

（3）包车人要求变更使用包车的时间、地点或取消包车时，须在使用前办理变更手续。

（4）包车经营者要求变更车辆类型、约定时间路线或取消包车，事先与包车人协商，经同意后，方能变更。

（5）包车经营者应提前检查车辆技术状况，保证车辆正常使用，保持车内整洁，准时将车辆开到约定地点，做好载客准备。

（6）单程的去程包车在回程载客时，应向回程客源所在地县级以上道路运输管理机构备案。除道路运输管理机构下达的紧急包车任务外，包车线路一端必须在车籍所在地。省际、市际客运包车的车籍所在地为车籍所在的地区，县际客运包车的车籍所在地为车籍所在的县。

（7）在春运、旅游“黄金周”或者发生突发事件等客流高峰期运力不足时，道路运输管理机构可临时调用车辆技术等级不低于三级的营运客车和社会非营运客车开行包车或者加班车。

2. 组织乘客上车

包车驾驶员将车辆按时开到约定地点等候，并组织乘客顺序上车，主动帮助老幼病残孕乘客。将乘客行李安置到行李厢中。

3. 安全运营

（1）包车客运应当随车携带车籍所在地道路运输管理机构核发的包车客运标志牌，持有包车票或者包车合同，按照约定的时间、起始地、目的地和线路运行。包车驾驶员不得连续驾驶超过4h，长途高速公路行车必要时要到服务区进行调整休息，保证行车安全。

（2）包车运送的是团体旅客，不能按班车模式定点、定线运行，不得招揽客运包车合同以外的乘客乘车。

4. 费用结算

（1）包车必须使用包车票、包车行车路单，不得使用其他票种。

（2）包车经营者在执行包车运输过程中，准确记录行车情况，为计费提供依据。

（3）包车经营者行车中遇有特殊情况，应根据包车人的意见处理，同时报告本单位。

（4）包车经营者完成包车任务后，及时返回本单位，并向管理人员详细汇报包车运输情况。

五、旅游客运服务要求

（一）旅游客运特点

（1）旅游客运运送的旅客一般都是旅游者，客流随季节变化较大。

（2）旅游客运开行线路的起讫地一方必须是旅游区，具有区域性。

（3）旅游客运以观光为主，中途停靠点和时间服从旅游计划的安排。

（4）旅游客运大多数情况是往返包车。

（5）旅游客运车辆舒适性要求较高，适宜旅游休闲。

（二）旅游客运类型

（1）定线旅游。实行定班、定线、定时、定价、定载容量，在风景游览点和城市及景点与景点之间的线路上运营的班车。按照班车客运管理。

（2）非定线旅游。按照用户要求的线路、景点、时间等，运送团体旅游者的旅游客运。按照包车客运管理。

（三）旅游客运服务规范

1. 岗前准备

（1）旅游客运须有固定的发车点和游览点，旅游班车须按合理的线路行驶、停靠。

（2）旅游客运的发车站点应设置旅游区线路图、旅游名胜简介、公布旅游车型、导游服务项目、食宿地点和食宿标准。

（3）驾驶员上岗应穿着整洁的工装，佩戴胸卡，做到举止文明，诚恳和蔼，说普通话，使用礼貌用语，保持车容整洁。

（4）提前检查车辆技术状况，准时将车辆开至出发点，等待乘客上车。

（5）到达规定的发车时间时，驾驶员要协助导游清点人数，防止漏客，必要时可适当延迟发车时间。

2. 组织乘客上车

驾驶员将车辆按时开到约定地点等候乘客上车，并组织乘客顺序上车，主动帮助老幼病残孕乘客。将乘客行李安置到行李厢中。

3. 安全运营

（1）提供旅游综合服务的旅游客车上，应备有饮水、常用药等服务性物品，并根据实际情况，装配御寒或降温设备，随车配备导游人员。

（2）行经地势险要地段，驾驶员应协助导游提醒乘客注意安全，必要时可组织乘客下车步行通过，确保运营安全。

（3）提供旅游综合服务的旅游客运使用旅游客票，按照乘客要求发售直达旅游客票或往返旅游客票，如有代办食宿或其他服务项目的应单独列出，计入旅游客票票面一并计收。无旅客综合服务的旅游客运，可使用班车客运车票。

4. 停车等待

服从导游的安排，在规定的停靠点或停车场停车，停车后驾驶员不得擅自离开车辆，还应保证乘客有足够的游览时间。

5. 退票

提供旅游综合服务的旅游客运，退票须在开车前办理，退还原票款中运费部分，核收退票费；代办食宿或其他服务的根据具体情况办理，对不予退还的部分，应在售票时公告。无旅游综合服务的旅游客运，退票按班车客运办理。乘客中途终止旅游的不予退票。

六、乘客心理与服务

（一）服务意识

驾驶员或乘务员要树立服务意识，多换位思考，理解乘客的需求。对于乘客提出的要求，客运工作人员要根据自身的能力和条件，尽力给予解决。当乘客对道路客运的规则或服务产生误会时，驾驶员或乘务员要耐心地向乘客做出真诚的解释。面对乘客的过错行为或过激行为，驾驶员或乘务员要控制好情绪，给予充分理解，得理让人，用自然得体的举止和亲切礼貌的语言表达去感化乘客。

（二）贴心服务

道路旅客运输驾驶员除了要保持自己平和的心理状态、保证行车安全外，对于乘客心理也要多一份了解，为乘客提供更安全、舒适的服务。影响乘客出行的因素是多方面的，不同职业、不同性格特征、不同出行目的决定了乘客出行的心理是不同的。但是对道路旅客运输“安全、快捷、舒适、方便”的要求则是他们的共性心理。

1. 安全

乘客在乘车旅行时，安全是第一位的心理需求，包括乘客人身安全和财物安全。没有安全，一切都无从谈起。所以驾驶员在道路运输过程中必须保证行车安全。遵章守法，规范操作，当出现车辆故障或道路出现障碍时，要及时和乘客沟通，保证乘客的安全需求。

2. 快捷

快捷心理包括顺利、迅速、经济等几个层次的内容，是在保障旅途安全的前提下乘客的第二大需求。乘客总是希望车辆能准时到达和出发，途中不发生事故或耽搁。并且，随着人们时间观念的加强，乘客对及时到达提出了更高的要求。因此，驾驶员如果遇到不可抗力以外原因导致客车不能及时到达时，要耐心细致做好乘客思想工作，切不可推卸责任。

3. 舒适

随着人们生活水平的提高，人们对出行也提出了更高的要求。乘车环境、服务态度、娱乐设施、饮食卫生、睡眠休息等都会影响乘客出行心理。驾驶员应该结合道路运输特点及乘客需求提供相应的舒适服务。例如：带小孩的妇女在旅途中会遇到很多不方便，驾驶员应主动提供便利的乘车条件，给安排好一点儿的座位，消除她们乘车的焦虑感；老年人年岁较高，身体虚弱，冬天怕冷、夏天怕热，驾驶员应考虑安排车厢的中间位置。

4. 方便

“在家千日好，出门一日难”，这是人们对出行的总结。可见，乘客对道路运输的方便性还是有很高要求的。乘客希望能及时买到车票，减少排队时间，希望汽车能“一站式”服务，直接到达目的地等。旅客运输驾驶员应该在运输途中关注乘客期望方便的心理，不随意停靠站、不站外拉客，同时尽可能为乘客提供其他便利条件。

5. 尊重

尊重乘客是道路客运服务的宗旨。驾驶员或乘务员要保持良好的服务心态，注重礼节，语言礼貌，态度和蔼，微笑服务，让乘客感到亲切和温馨。对乘客的询问和要求不要不耐烦，更不能对乘客进行讽刺、挖苦，要使乘客充分感受到被理解和尊重。

第五章

道路货物运输专业知识*

道路货物运输就是用货车将货物运抵目的地的活动。驾驶员应掌握道路货物运输的基本知识和一些商务知识，并能够根据货物的特点，安全地完成货物运输任务。

第一节　道路货物运输基本内容

道路货物运输经营，是指为社会提供公共服务、具有商业性质的道路货物运输活动。

一、货物运输的特点及分类

道路货物运输具有机动灵活、适应性强、快速直达、运输区域广、运输组织多样等特点，道路货物运输不仅适合中短途运输，而且能满足长距离运输的需求。道路货物运输包括道路普通货物运输、道路货物专用运输、道路大型物件运输和道路危险货物运输。

二、货物运输车辆主要类型与技术特点

货物运输车辆，一般称作货车，指主要用于运送货物的汽车，有时也指可以牵引其他车辆的汽车，属于商用车辆类别。

运输柴油时宜选择罐式容器专用运输。运输生鲜食品时宜选择冷藏保鲜专用运输。一般使用罐式专用车辆运输散装、具有一定流动性的货物。依法运输超宽超重的不可解体货物时，宜选择大件运输专用车辆。

三、货物运输基本环节与运输质量要求

道路货物运输基本环节包括运输合同的订立、货物托运、货物的受理、货物的承运、货物搬运装卸与交接等环节。

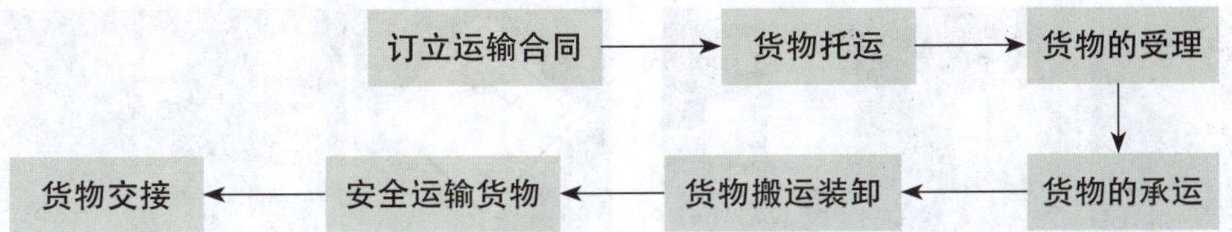

道路货物运输基本环节

为保证运输质量，道路货物运输驾驶员应该遵守法律法规和操作规程，确保车辆技术状况良好，经常检查货物捆扎情况。装载货物时，应协助并监督装卸人员按规程装载，发现潮湿发热的货物时终止装载，装载完后检查货物是否超限超载。

四、危险货物道路运输禁止、限定、豁免等相关知识

根据国家相关标准，危险货物分为以下九类。

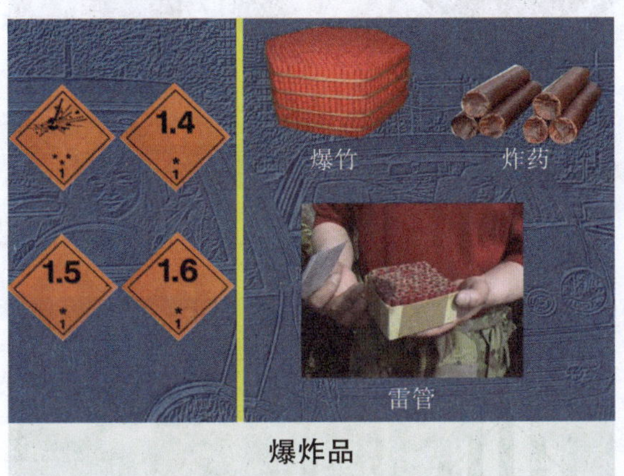

爆炸品

气体

易燃液体

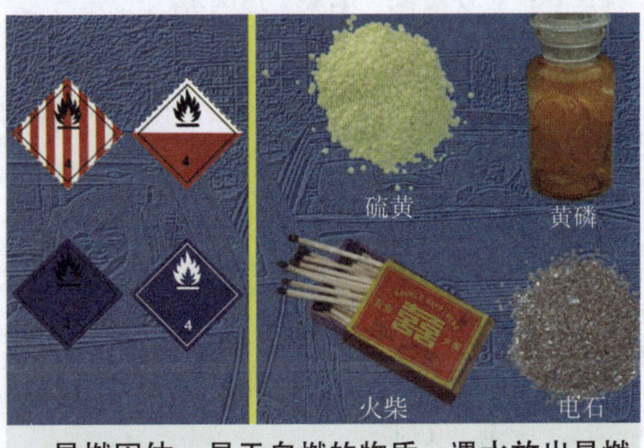

易燃固体、易于自燃的物质、遇水放出易燃气体的物质

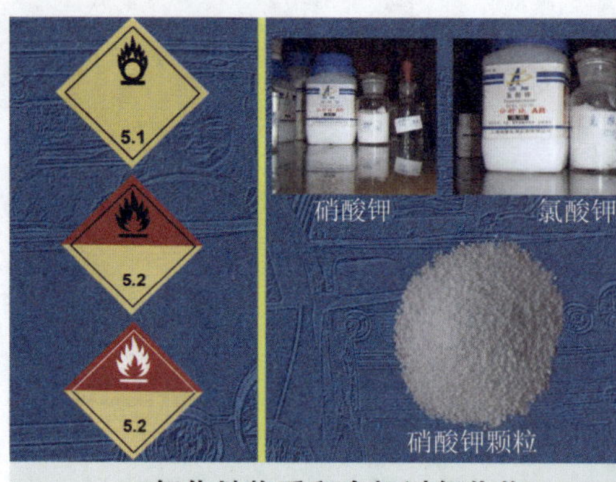

氧化性物质和有机过氧化物

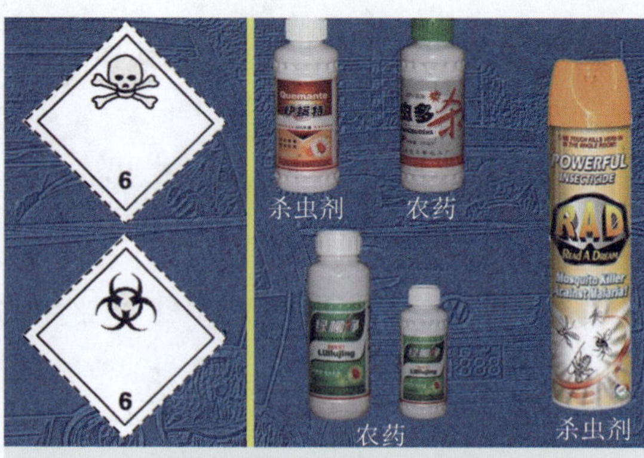

毒性物质和感染性物质

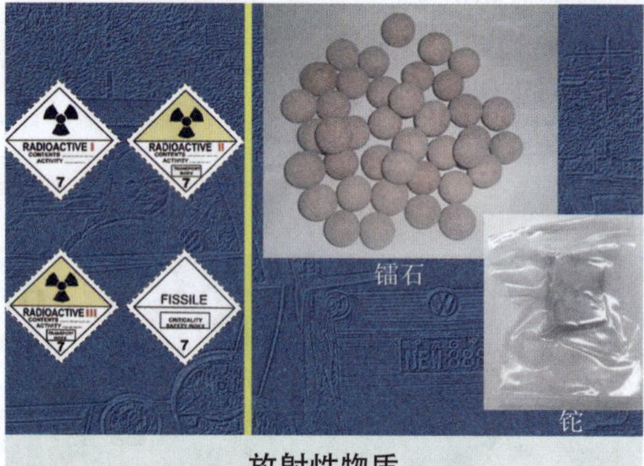

放射性物质

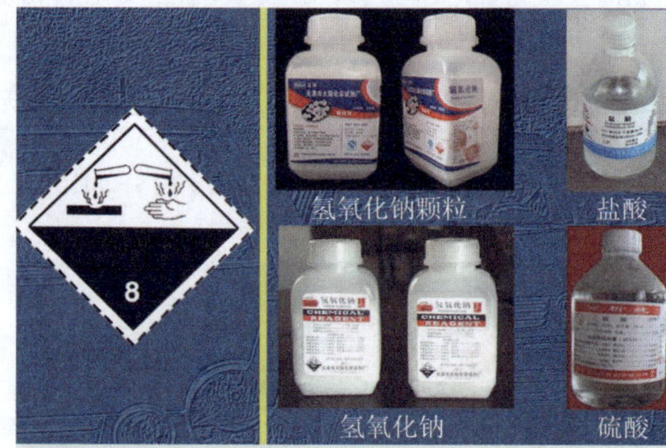

腐蚀性物质

呈现的危险性质不包括在上述八类危险性之中的磁性物品和另行规定的物品。常见的杂类物品有：永久磁铁、干冰、榴莲等

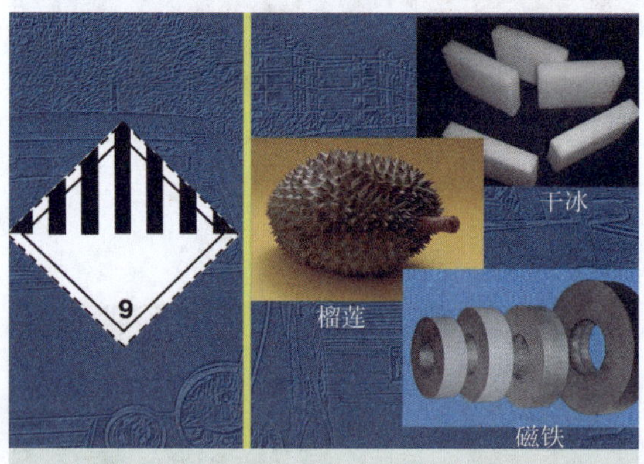

杂项危险物质和物品，包括危害环境物质

非易燃无毒气体运输时具有危险性，不可作为普通货物运输。雷管、氧气、汽油属于危险货物，道路普通货物运输驾驶员不得运输。道路普通货物运输驾驶员不得运输液氯、油纸、甲醇等货物。

潮湿棉花、活性炭、植物纤维（干的）、20 L以下的水性涂料，可以作为普通货物进行道路运输。压缩氮满足下列条件时可以作为普通货物进行道路运输：使用符合《气瓶安全技术监察规程》的无缝气瓶，单个气瓶公称容积不超过50 L，每个运输单元的压缩气体气瓶总水容积不超过500 L。

五、货运合同与保险、保价

货运合同一经签订，便具有法律约束力，双方均应履行。签订一次性运输合同时，合同成立的凭证是运单。道路货物运单是运输合同成立的凭证，是承运人接受、保管、交付货物的凭证，是记录车辆运行和作业统计的原始凭证，是划清承、托、收三方责任的依据。

货物保价的原则是所有货物自愿投保。保价运输时，申报的货物价值不可以超过货物本身的实际价值。

第二节　道路货物运输分类与要求

按照货物批量，道路普通货运可分为整车货物运输和零担货物运输。道路货物专用运输是指使用集装箱、冷藏保鲜设备、罐式容器等专用车辆进行的货物运输。

集装箱运输具有物资损耗少、节约包装材料及费用、装卸效率高、货差货损少等优点。整箱集装箱货运适用于货流量大、货流集中，中途不停靠站点，直达目的地整装整卸的情况。拼箱集装箱货运适用于货源分散，托运人单件托运量小，运送目的地各不相同的情况。

肉蛋蔬果在运输中必须保持一定的温度，以防腐坏变质。装载、运输冷冻货物时应紧密堆码、保持低温。装载、运输易腐货物时应保留间隙、保持温度与物品特性适宜。

罐式容器专用运输具有装卸运输效率高、货运品质有保证、有利于运输安全、节约包装材料和成本等特点。罐式容器的罐体密封，运输易燃易爆货物时能大大降低事故风险，这体现了它利于运输安全的特点。装载被隔板分割成若干个小的独立罐体的罐车时，应保证质量分布均匀。

甩挂运输具有提高运输效率、减少装卸等待时间、降低运输成本、减少车辆空驶等优点。甩挂运输比传统运输方式要节约更多的货物仓储设施。甩挂运输时，牵引车与挂车之间的电缆连接器、气制动连接装置、ABS系统形式及接口应符合规定且相互匹配。进行甩挂运输时，牵引车和挂车可以不受地区、企业、号牌的限制灵活组合，但是牵引车的准牵引总质量必须与挂车的总质量匹配。

采取提高机械化装卸水平、避免回程空驶、做好货物配载等措施，能够提高运输效率。依法进行超限运输时，标志应悬挂在货物超限的末端。

第三节 道路货物运输商务知识

据统计，中国90%的货运车辆业主为个体户，他们既是驾驶员，也是承运人，掌握一些货物运输商务知识非常有必要。

一、货物运输成本与运价核算

在确定运价之前，道路货物运输驾驶员一定要核算运输成本，在成本的基础之上确定运费。

运输成本分为随服务量或者运量变化的变动成本和不随服务量或者运量变化的固定成本。在成本之上加上利润就可以确定运价：运价=固定成本+变动成本+利润。

固定成本包括车辆折旧费、银行利息、保险费、车船税、管杂费、人员费（工资福利等）等。变动成本包括车辆常规保养维修费、车辆计提大修费、过桥过路费、燃料税、燃油费等。

利润的确定需要在市场基本利润水平的基础上，考虑承托双方所能接受的水平。至于托运人能给出怎样的利润这就需要双方进行友好商谈，这考验驾驶员（承运人）的商务谈判能力。

二、货物运输合同的履行与违约赔偿

《合同法》里规定的承运人责任包括将货物安全运达目的地、及时通知收货人来取货，不包括免费提供卸载货物服务。两个以上承运人以同一运输方式联运，与托运人订立合同的承运人对全程运输承担责任。

签订货物运输合同后，承运人必须履行以下义务：按照约定线路运输货物、在约定时间内送达货物、将货物安全运输到约定地点。货物交付收货人之前，承运人可以满足托运人中止运输、返还货物、变更到达地点、将货物交给其他收货人的要求。

托运人或者收货人不支付运费时，承运人对相应的货物享有留置权。收货人逾

期提货时，承运人可以向其收取保管费。因托运人申报不实而造成承运人损失，托运人承担损害赔偿责任。因货物本身自然性质、包装存在内在缺陷、不可抗力原因造成的货物损失，承运人在举证后可以不负赔偿责任。

货物在运输中因山洪暴发而灭失，如果还未收取运费，道路货物运输驾驶员不能要求托运人支付运费。已收取运费的货物在运输中因地震而灭失，如果托运人要求返还运费，道路货物运输驾驶员应予以返还。

三、投诉与维权的相关知识

道路货物运输驾驶员的合法权益受到损害时，可采取以下方式维权：要求有关部门依法处理、依法申请仲裁、依法提起诉讼。道路运输企业拖欠或者未足额支付劳动报酬时，道路货物运输驾驶员可以向当地人民法院申请支付令。

道路货物运输驾驶员不服行政机关的罚款决定时，可以申请行政复议或提起行政诉讼。行政复议一般情况下可在自知道处罚决定之日起60日内提出申请，行政诉讼应在知道或者应当知道作出罚款决定之日起6个月内提出。在申请行政复议时，可以一并提出行政赔偿请求。若行政复议申请被受理，在法定的行政复议期限内不可以同时向人民法院提起行政诉讼。

第四节　道路货物运输服务规范

遵守道路货物运输服务规范的目的在于，在保证运输质量的前提下，尽量提高运输的效率，保证货物按照约定的时间运达目的地。

一、货物承运与受理

承运人受理货物时，应核对实际货物与运单记载的货物名称、数量、包装方式是否相符。发现货物与运单填写不符或可能危及运输安全的，不得办理交接手续。

受理货物时发现货物未按规定包装，应请托运人按规定重新包装。承运包装不良，但不影响装卸和行车安全的货物时，应在运单上注明，以明确责任。对于桶装的液体货物，应检查桶盖是否严密，桶体是否渗漏。

二、货物装载与加固

装载货物时，应在车门处放置隔离物，先远后近进行装载，有包装的在下，无包装的在上，确保重不压轻。装载袋装货物时，袋口应朝向车内。装载成件包装货物时，应排列整齐、紧密。成件包装货物的装载高度或宽度超出货车端侧板时，应当梯形码放。

固定能够承受压力且不会压缩变形的单件货物时，适合使用横（纵）向下压捆绑法。采用横（纵）向下压捆绑法固定货物时，最佳的捆绑角度是90°。固定原木、钢板等长条、成垛堆码的货物时，适合使用整体捆绑法。加固大件货物时通常采用货物拉牵固定法。

思考题

装载货物时，较重的货物应尽量放在载货平面的哪个位置？提示：B处

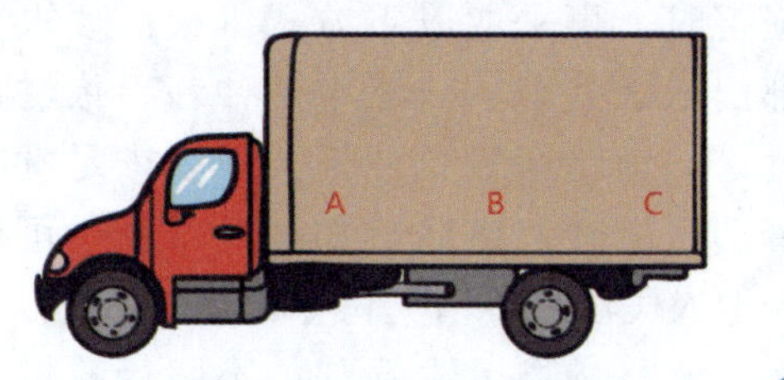

三、货物配载与保管

搬运装卸货物时，应在合同中约定搬运装卸人，使用合同中约定的搬运装卸人，装运前应对车厢进行清扫，装运中留意包装储运图示标志，装运完按规定贴上标志。

上图为由此起吊标志，表明起吊货物时挂绳索的位置	上图为禁止翻滚标志，表明不能翻滚运输包装
上图为易碎物品标志，表明运输包装件内装易碎品，要小心轻放	上图为重心标志，表明该包装件的重心位置，便于起吊

拼装货物时，普通货物不能与剧毒货物拼装，砒霜不能与食物拼装，液体不能与固体拼装，榴莲、大蒜油不能与茶叶拼装，装载纸张时应确保车厢干燥。

采取尽可能降低车辆的重心、重货物装在车辆的中心、重货物装在下层等措施确保载货质量分配合理。应杜绝超载运输，超载会导致车辆制动距离延长，爬坡更加困难，下坡速度加快。尽量避免急转弯，罐式车辆急转弯时，罐体内的液体会向侧壁堆积，增加车辆侧滑的风险。

存放货物时，应按货物性质、流向分类存放，遵守上轻下重（并非上重下轻）的原则，遵守货物存放要求。

四、货物检查与交接

道路货物运输驾驶员应采取运输前确保装载符合要求、途中检查货物安全状况、每次停车休息时都进行检查、行车中随时通过后视镜检查等措施进行装载检查。交接货物时收货人要求重新过磅，如果结果是没有货差，由收货人承担过磅费用。有毒、易污染的货物卸载后，应对车辆进行清洗和消毒。

第六章

汽车使用技术

车辆是道路运输的基础。良好的车辆使用状况、技术条件是保证道路运输安全的前提。道路运输驾驶员在运输时要注意维护车辆，了解常见的车辆故障现象，并及时掌握新的节能与环保技术，保证道路运输安全。

第一节 汽车维修基础知识

为使车辆保持良好的技术状况，延长使用寿命，保证行车安全，道路运输企业必须定时、定期组织维护车辆。道路运输车辆维护的方针是“安全第一、预防为主”，这也是保障道路运输车辆运行安全的基本制度。

一、货物运输车辆的基本构造*

货车一般由发动机、底盘、车身、电子设备等基本结构组成。和汽油机相比，柴油机有压缩比大、热效率高、经济性好等特点。

货车传动系的基本功用是将发动机发出的动力传给驱动轮。传动系应具备减速增矩、实现倒车行驶、必要时中断传动、差速作用等功用。

离合器是货车传动系中直接与发动机连接的部件。离合器应具备保证汽车能平稳起步、保证传动系换挡时工作平顺、限制传动系承受的最大扭矩等功用。变速器能扩大发动机输出的转矩和转速的变化范围，满足货车牵引力和车速变化需要。半轴是在差速器和驱动轮之间传递动力的实心轴。

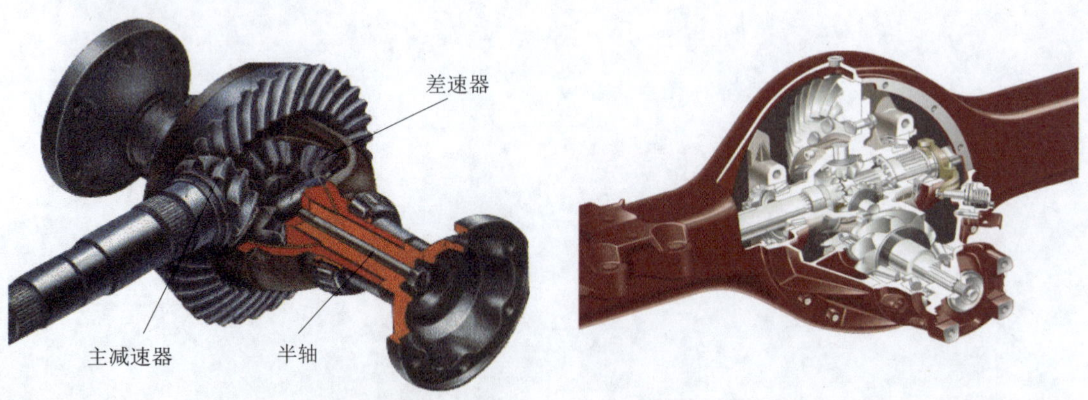

货车行驶系一般由车架、车桥、车轮和悬架等组成。子午线轮胎具有缓冲性能好、油耗比较低等特点。悬架一般由弹性元件、导向机构、减振器等部件组成。独立悬架具有减少不平路面上车架和车身的振动、提高汽车的平均行驶速度、提高行驶稳定性和平顺性等特点。

二、道路运输车辆维护的分类、作业内容和要求

按照国家标准《汽车维护、检测、诊断技术规范》（GB/T 18344—2016）规定，车辆维护分为日常维护、一级维护和二级维护。

1. 日常维护

日常维护是由驾驶员在出车前、行车中和收车后进行的车辆维护作业，其作业的中心内容是清洁、补给和安全检视。

项　　目	内　　容
出车前的维护	（1）对车辆外观、发动机外表进行清洁，保持车容整洁； （2）检查车辆各部润滑油（脂）、燃油、冷却液、制动液等各种工作介质，并视情况予以补给； （3）检查轮胎气压，并视情况对轮胎气压进行补给，保证轮胎气压符合要求； （4）检查制动、转向、传动、悬架、灯光、喇叭、安全装置的功能以及发动机运转状况，并适时予以校紧，确保行车安全
行车中的维护	（1）检查轮胎气压，保证轮胎气压正常；检查轮胎表面磨损情况和车轮花纹间有无夹石，保证轮胎没有异常磨损和夹石等嵌入物； （2）检查各部位有无漏油、漏液、漏电现象，并及时处理； （3）检查轮胎、制动鼓、轮毂温度，若温度过高，应将车停在阴凉通风的地方自然降温； （4）检查各仪表及报警灯工作状况，发现异常及时处理； （5）检查安全锤、灭火器等安全设备是否在规定位置，有无丢失； （6）挂车检查连接装置，是否连接牢固
收车后的维护	（1）对车辆进行清洁，保证车辆外观清洁； （2）检查各部位有无油液的渗漏； （3）检查轮胎有无异常磨损，剔除胎面上嵌入的杂物； （4）客运车辆还要检查行李架、行李舱有无乘客遗落的行李物品； （5）记录车辆的行驶情况； 驾驶员在收车后的检查中如果发现故障，要进行详细记录，为车辆维修提供资料

2. 定期维护

1）一级维护

一级维护是一项运行性维护作业，即在日常使用过程中，以确保车辆正常运行为目的的作业。一级维护除了日常维护作业的内容外，以清洁、润滑和紧固为中心作业内容，并

检查制动、操纵等安全部件。

一级维护作业中零部件紧固、润滑油添加（或更换）和安全部件技术状况的检查等属于专业性维护作业，必须由专业技术工人利用相关设施和专用设备，按技术标准进行。

2）二级维护

二级维护是现行车辆维护作业中的最高一级。其作业中心内容除了包含一级作业内容外，以检查和调整转向节、转向摇臂、制动蹄片、悬架等经过一定时间的使用容易磨损或变形的安全部件为主，并拆检轮胎，进行轮胎换位，检查调整发动机工作状况和排气污染控制装置等。

车辆二级维护对作业技术性和专业性要求更高，必须严格按技术标准进行。

3. 车辆维护相关规定

道路运输经营业户和驾驶员，必须按国家或行业有关标准规定的行驶里程或间隔时间，对车辆进行维护作业，进口车辆及特种车辆按出厂说明书的规定执行。（新规定没有强制维修周期，此知识点只适用于道路旅客运输驾驶员）

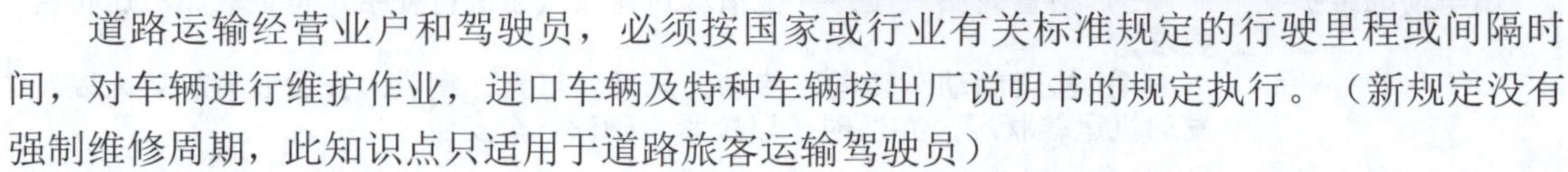

道路运输经营业户，可以自主选择汽车维修企业进行维护作业。危险品运输车辆必须到具备危险品运输车辆修理条件的维修企业进行维护作业。

道路运输车辆在实际运行中，除了必须执行国家规定的维护作业外，还要根据季节变化进行换季保养。换季保养可以更好地延长车辆使用寿命，提高车辆的安全性。

温馨提示

1. 夏季换季保养

（1）更换老化的刮水器叶片。

（2）及时清洁或更换空调滤芯。

（3）检查散热装置。

（4）检查电瓶。

2. 冬季换季保养

（1）经常在严寒地区行驶的车辆要更换雪地轮胎。

（2）清理或更换机油滤清器、空气滤清器和汽（柴）油滤清器。

（3）添加防冻的机油、蓄电池液、玻璃清洗液等。

三、汽车常见故障识别与处置

正常情况下，车辆燃油报警灯亮起，原因是燃油箱储油量不足。汽车ABS报警灯亮起的原因有：轮速传感器发生故障、制动开关或制动灯故障。

发动机运转中，机油压力表显示值突然增高，说明汽车发动机机油压力过高。行车中，若发现发动机机油压力过高时，应及时停熄发动机，进行诊断维修。

汽车离合器常见故障有：离合器分离不彻底、离合器打滑、离合器发抖、离合器异响。正常的“自由行程”，不仅能防止分离轴承不正常的磨损，更重要的是它能保证离合器可靠的接合和彻底的分离。汽车离合器打滑的原因有：压盘压紧弹簧状态不良、摩擦片状态不良、离合器盖安装螺栓松旷等。

汽车发动机润滑系常见的故障有：机油压力过高、机油压力过低、机油消耗过多、无机油压力。变速器齿轮油品质下降，易造成变速器挂挡困难。后桥润滑油量不足，会造成汽车行驶时后桥过热。汽车底盘传动系常见的故障有：离合器分离不彻底、变速器跳挡、后桥异响。

汽车液压制动不良的原因有：制动液变质、不足、有杂质；制动摩擦材料磨损过量；真空助力器漏气、失效等。汽车气压制动不良的原因有：空气压缩机传动带打滑、制动踏板自由行程过大、制动管路破裂或接头松动漏气等。

第二节 道路运输车辆技术要求※

营运车辆的技术性能应符合国家相关标准的要求。对营运车辆进行技术性能检测，主要是对车辆的动力性、燃料经济性、制动性、转向操纵性、照明和信号装置及其他电气设备、整车装备等进行综合性检测。

一、整车外检

1. 整车装备与铭牌

整车装备应齐全、完好、有效，各连接部件紧固完好，车体应周正，车体外缘左右对称部位(在离地高1.5 m内测量)高度差不得大于40 mm；左右轴距差不得大于轴距的1.5/1000。在车身前部外表面的易见部位上应至少装置一个能永久保持的产品标牌。产品标牌上应标明品牌、整车型

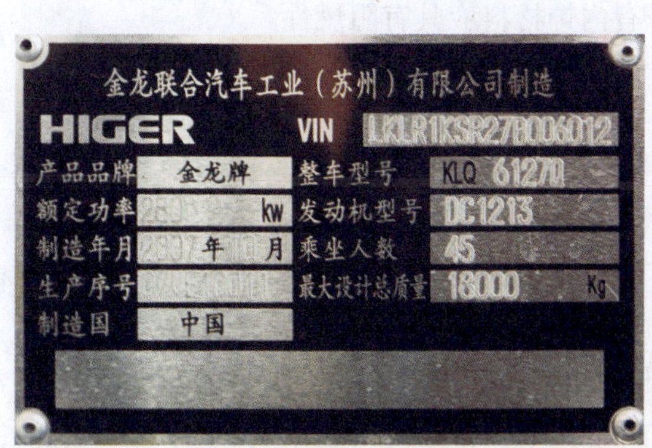

号、制造年月、生产厂名及制造国。

产品标牌上标明的内容应规范、清晰耐久且易于识别，项目名称均应有中文名称。车辆类型不同，应标明的项目也不同。客车产品标牌应补充标明的项目有：车辆识别代号、发动机型号、发动机最大净功率或额定功率、最大设计总质量（以下简称为“总质量”）、乘坐人数（乘员数）。电动客车还应标明电动动力系统净功率和直流或交流标称电压。

营运车辆的车顶、车门、车身、风窗玻璃等部分的标志应统一，齐全有效，并符合有关规定。车辆识别代号的内容和构成应符合《道路车辆　车辆识别代号（VIN）》（GB 16735－2004）的规定：至少有一个车辆识别代号打刻在车架（无车架的机动车为车身主要承载且不能拆卸的部件）上，打刻位置应尽量位于前部右侧，如受结构限制也可打刻在其他部位。打刻的车辆识别代号应易见且易于拓印，其字母和数字的字高不应小于7.0mm，深度不应小于0.3mm。

2. 漏气、漏油、漏水及漏电检查

（1）汽车上各连接件无漏油、渗水和漏气现象。

（2）发电机技术性能保持良好，蓄电池应呈常态电压。所有电气导线应捆扎成束、布置整齐、固定卡紧、接头牢固，并有绝缘套，在导线穿越孔洞时需设绝缘套管。

（3）油箱的加油口及通气口应保证在车辆晃动时不漏油。

3. 车架、车身和驾驶室

（1）驾驶室和车身的技术状况应能保证驾驶员有正常的工作条件和旅客安全。车身和驾驶室应坚固耐用，覆盖件无开裂和锈蚀，螺栓和铆钉不得缺少或松动，车身与车架的连接应安装牢固。

（2）车身外部和内部都不应有任何可能使人致伤的尖锐凸起物。驾驶室和乘客舱所有内饰材料应具有阻燃性。

（3）客车应设置乘客通道，通道的宽度和高度应保证符合规定的通道测量装置能顺利通过。营运客车通道中不准设置供乘客使用的折叠式座椅。车长大于7.5m的客车不允许设置车外顶行李架。其他客车需设置车外顶行李架时，行李架高度不允许超过300mm、长度不允许超过车长的1/3。客车车内行李架应能防止物件跌落，

其承载能力不应小于40kg/m²。

（4）车门和车窗应启闭轻便，不得有自行开启现象，锁止可靠，玻璃升降器应完好。驾驶室必须保证驾驶员的前方视野和侧方视野开阔，车窗玻璃不允许张贴妨碍驾驶员视线的附加物及镜面反光遮阳膜。

（5）地板和座椅应具有足够的强度，座椅和扶手应安装牢固可靠。乘客座椅间距不得采用沿滑道纵向调整的结构。车长大于6m的客车同方向座椅的座间距不得小于650mm，面对面座椅的座间距不得小于1200mm。

4. 安全防护装置

1）安全出口（安全门、窗）

车长小于6m的客车，在乘坐区的两侧应具有方便乘客逃生或易于救援的侧窗。车长不小于6m的客车，如车身右侧仅有一个供乘客上下的车门，应设置安全门或安全窗。长途客车、卧铺客车和旅游客车应设置车顶安全出口。当卧铺客车的卧铺布置为上下双层时，侧窗布置应为上下双排。每个安全出口的附近都应设有“安全出口”字样。乘客门和安全出口的应急控制器附近标有清晰的符号或字样，并注有操作方法。通向安全门的引道宽度应大于等于300mm，不足300mm时允许采用迅速翻转座椅的方法加宽引道。

安全出口（安全门、窗）的安全技术要求有：

（1）安全门应有锁止机构，且锁止可靠。安全门关闭时应能锁止，且在车辆正常行驶情况下，不会因车辆振动、颠簸、冲撞而自行开启。

（2）安全门不用工具应能从车内外很方便地打开车门，门外手柄应设保护套，且离地面高度（空载时）不应大于1800mm。

（3）安全窗应采用易于迅速从车内、外开启的装置，或采用安全玻璃，并在车内明显部位装备击碎玻璃的安全锤。

（4）安全顶窗应易于从车内、外开启或移开。安全顶窗开启后，应保证从车内外进出的畅通。弹射式安全顶窗应能防止误操作。

2）安全带

乘用车的所有座椅（第三排及第三排以后的可折叠座椅除外）均应装置汽车安全带，座位数不大于20（含驾驶员座位，下同）、车长不大于6m的客车的前排座椅应装置汽车安全带。

长途客车和旅游客车的驾驶员座椅、首排座椅及前面护栏不能起到必要防护作用的座椅，应装置汽车安全带；当（同向）座椅的座间距大于1000mm，且座垫前面沿座椅纵向不大于600mm的范围内，没有能起到防护作用的护栏或其他物体时，也应装置汽车安全带。卧铺客车的每个铺位均应安装两点式汽车安全带。汽车安全带应可靠有效，安装位置应合理，固定点应有足够的强度。

3）车外后视镜和前下视镜

机动车（挂车除外）应在驾驶舱外部左右至少各设置一面后视镜。汽车后视镜的性能和安装要求应符合相关规定。机动车外后视镜的安装位置和角度应保证驾驶员能看清车身左右外侧、车后50m以内的交通情况。

车长大于6m的平头客车车前至少设置一面前下视镜。前下视镜应保证驾驶员能看清风窗玻璃前下方长1.5m、宽3m范围内的情况。

车外后视镜和前下视镜应易于调节，并能有效保持其位置。安装在外侧距地面1.8m以下的后视镜，当行人等接触该镜时，应具有能缓和冲击的功能。

4）前风窗玻璃刮水器

机动车的前风窗玻璃应装备刮水器，其刮刷面积应确保驾驶员具有良好的前方视野。刮水器应能正常工作。刮水器关闭时，刮片应能自动返回至初始位置。

汽车驾驶室内应设置防止因阳光直射而使驾驶员产生眩目的装置，且该装置在汽车碰撞时，不应对驾驶员造成伤害。乘用车前风窗玻璃应装有除雾、除霜装置。

5）其他装置

（1）客车应装备灭火器，灭火器在车上应安装牢靠并便于取用。

（2）汽车（三轮汽车除外）应装备符合规定的三角警告牌，三角警告牌在车上应妥善放置。

（3）乘用车和车长小于6m的客车前后部应设置保险杠。

（4）安全锤一般放置在车内容易拿到的地方，在发生火灾或车辆倾翻等紧急情况时，方便车内人员敲碎玻璃逃生。

5. 车轮和车胎

（1）乘用车和挂车轮胎胎冠上花纹深度不允许小于1.6㎜，其他机动车转向轮的胎冠花纹深度不允许小于3.2㎜，其余轮胎胎冠花纹深度不允许小于1.6㎜。同一轴上轮胎规格和花纹应相同，轮胎规格应符合车辆出厂时的规定。同一轴上轮胎外径的磨损程度应大体一致。

（2）轮胎不允许有影响使用的缺损、异常磨损和变形。轮胎胎面不得有因局部磨损而暴露出轮胎帘布层的情况。轮胎的胎面和胎壁上不允许有长度超过25㎜或深度足以暴露出轮胎帘布层的破裂和割伤。

6. 其他部件

钢板弹簧不得有裂纹和断片现象，其弹簧形式和规格应符合产品使用说明书的规定。中心螺栓和U形螺栓应紧固。减振器应齐全有效，不允许有明显渗漏油现象。前、后桥不得有变形和裂纹。车桥与悬架之间的各种拉杆和导杆不得变形，各接头和衬套不得松旷和移位。轮胎螺母和半轴螺母应完整齐全，并应按规定力矩紧固。

二、动力性和燃料经济性

动力性和燃料经济性是机动车最重要的基本性能。机动车技术状况不良，首先表现为动力性不足，燃油消耗量增大。

1. 动力性

（1）发动机应动力性能良好，运转平稳，怠速稳定，无异响，机油压力正常。发动机功率不允许小于标牌（或产品使用说明书）标明功率的75%。

（2）发动机应有良好的启动性能。汽车发动机应能由驾驶员在座位上启动。

（3）柴油机停机装置必须灵活有效。

2. 燃料经济性

燃料经济性是汽车的主要性能之一，是指在保证动力性的条件下，汽车以尽量少的燃油消耗量经济行驶的能力。汽车的燃油消耗量越小，其燃油经济性越好。

三、制动性能

1. 基本要求

（1）机动车应设置足以使其减速、停车和驻车的制动系统或装置，即具有行车制动、应急制动功能和驻车制动装置。行车制动的控制装置与驻车制动的控制装置应相互独立。

（2）制动系应经久耐用，不允许因振动或冲击而损坏。制动踏板及其支架、制动主缸及活塞、制动总阀、制动主缸和踏板、制动气室、轮缸及活塞和制动臂及凸轮轴总成之间的连接杆件应为不易失效的零部件，并且应易于维修保养。

2. 行车制动

行车制动必须保证驾驶员在行车过程中能控制机动车安全、有效地减速和停车。行车制动必须是可控制的，且必须保证驾驶员在其座位上双手无须离开转向盘就能实现制动。

（1）行车制动作用在机动车（三轮汽车、拖拉机运输机组及总质量不大于750 kg的挂车除外）的所有车轮上。行车制动的制动力应在各轴之间合理分配，在同一车轴左右轮之间相对机动车纵向中心平面合理分配。

（2）行车制动系制动踏板的自由行程应符合该车有关技术条件。

（3）行车制动在产生最大制动效能时的踏板力，对于小于或等于9座的载客汽车不应大于500N；对于其他机动车不应大于700 N。

（4）液压行车制动在达到规定的制动效能时，踏板行程不应大于踏板全行程的四分之三；制动器装有自动调整间隙装置的机动车的踏板行程不应大于踏板全行程的五分之四，且小于或等于9座的载客汽车不应大于120 mm，其他机动车不应大于150 mm。

（5）采用气压制动系统的车辆，发动机在75%的额定功率转速下，4 min（汽车列车为6 min，铰接式客车和铰接式无轨电车为8 min）内气压表的指示气压应从零开始升至起步气压（未标起步气压，按400 kPa计）。在气压升至600 kPa且不使用制动的情况下，停止空气压缩机3 min后，其气压的降低值不应大于10 kPa。在气压为600 kPa的情况下，将制动踏板踩到底，待气压稳定后观察3 min，汽车气压降低值不应大于20 kPa，汽车列车、铰接式客车及铰接式无轨电车气压降低值不应大于30 kPa。

（6）机动车在运行过程中不允许有自行制动现象。

（7）车长大于9 m的公路客车、旅游客车和未设置乘客站立区的公共汽车应安装符合规定的防抱死制动装置。

3. 应急制动

应急制动是指汽车行车制动系统有一处管路失效的情况下，在规定的时间内将汽车停住。应急制动应是可控制的，使驾驶员容易操作—在座位上至少用一只手握住转向盘的情况下，就可以实现制动。它的控制装置可以与行车制动的控制装置结合，也可以与驻车制动的控制装置结合。

4. 驻车制动

（1）驻车制动应能使车辆在没有驾驶员的情况下，也能停在上、下坡道上。驾驶员必须在座位上就可以实现驻车制动。施加于驻车制动操纵装置的力：手操纵时，座位数小于或等于9的载客汽车应不大于400N，其他车辆应不大于600N；脚操纵时，座位数小于或等于9的载客汽车应不大于500N，其他车辆应不大于700N。

（2）驻车制动装置的安装位置应适当，其操纵装置应有足够的储备行程（开关类操作装置除外），一般应在操纵装置全行程的2/3以内产生规定的制动效能；驻车制动机构装有自动调节装置时，允许在全行程的3/4以内达到规定的制动效能。棘轮式制动操纵装置，应保证在达到规定驻车制动效能时，操纵杆往复拉动的次数不允许超过3次。

（3）在空载状态下，驻车制动装置应能保证机动车在坡度为20%（对总质量为整备质量的1.2倍以下的机动车为15%）、轮胎与路面间的附着系数不小于0.7的坡道上正、反两个方向保持固定不动，其时间不应少于5min。

5. 制动力平衡要求

在制动力增长全过程中，同时测得的左右轮制动力差的最大值，与全过程中测得的该轴左右轮最大制动力中大者之比，对前轴不得大于20%；对后轴当后轴制动力大于或等于后轴轴荷的60%时，不得大于24%；当后轴制动力小于后轴轴荷的60%时，在制动力增长全过程中同时测得的左右轮制动力差的最大值不得大于后轴轴荷的8%。

6. 制动报警装置

（1）采用液压制动的汽车（三轮汽车和装用单缸柴油机的低速货车除外），若液压传能装置任一部件失效，驾驶员都应知晓。只要失效继续存在且点火开关处在开（运行）的位置，该信号灯就应保持发亮。报警信号灯即使在白天也应很醒目，驾驶员在其座位上应能很容易地检查报警信号灯工作是否正常，该装置的失效不应导致制动系统完全丧失制动效能。

（2）采用气压制动的机动车，当制动系统的气压低于起步气压（未标起步气压时按400kPa计）时，报警装置应能连续向驾驶员发出容易听到或看到的报警信号。

（3）安装具有制动防抱死装置的汽车，当制动防抱死装置失效时，报警装置应能连续向驾驶员发出容易听到或看到的报警信号。

四、转向操纵性能

机动车在平坦、硬实、干燥和清洁的道路上行驶不应跑偏，其转向盘不应有摆振、路感不灵或其他异常现象。转向节及臂，转向横、直拉杆及球销应无裂纹和损伤，并且球销不得松旷，对车辆进行改装或修理时，横直拉杆不得拼焊。

1. 转向盘的自动回正

机动车（三轮汽车除外）转向轮转向后应能自动回正，以使车辆具有稳定的直线行驶能力。

2. 转向盘的最大自由转动量

最高设计车速不小于100 km/h的汽车转向盘的最大自由转动量不允许大于15°。最高设计车速小于100 km/h的汽车转向盘的最大自由转动量不允许大于25°（三轮汽车除外）。

五、行驶系

（1）乘用车和挂车胎冠上花纹深度不得小于1.6 mm；其他车辆转向轮的胎冠花纹深度不得小于3.2 mm，其余轮胎胎冠花纹深度不得小于1.6 mm。

（2）轮胎胎面不得有因局部磨损而暴露出轮胎帘布层。轮胎的胎面和胎壁上不得有长度超过25 mm或深度足以暴露出轮胎帘布层的破裂和割伤。

（3）同一轴上轮胎规格和花纹应相同，轮胎规格应符合车辆出厂时的规定，同一轴上轮胎外径的磨损程度应大体一致。

（4）汽车转向轮不得装用翻新的轮胎。

（5）汽车装用的轮胎应与其最大设计车速相适应。

（6）轮胎负荷不应超过该轮胎的额定负荷，轮胎的充气压力应符合该轮胎承受负荷时规定的压力。

（7）最大设计车速超过120km/h的车辆，其车轮应做动平衡，并应符合有关技术要求。

（8）轮胎螺母和半轴螺母应完整齐全，并应按规定力矩紧固。

（9）总质量小于或等于4500 kg的汽车，车辆总成的横向摆动量和径向跳动量不得大于5 mm；其他车辆不得大于8 mm。

（10）钢板弹簧不得有裂纹和断片现象，其弹簧形式和规格应符合产品使用说明书的规定。中心螺栓和U形螺栓应紧固。

（11）减振器应齐全有效。

（12）前、后桥不得有变形和裂纹。

（13）车桥与悬架之间的各种拉杆和导杆不得变形，各接头和衬套不得松旷和移位。

六、传动系

（1）离合器踏板自由行程应符合原厂规定的该车技术条件的有关规定。

（2）离合器踏板力应不大于300N。

（3）离合器应接合平稳，分离彻底，工作时不得有异响、抖动和不正常打滑等现象。

（4）变速器换挡时齿轮啮合灵便，互锁、自锁、倒挡锁装置有效，不得有乱挡和自动跳挡现象，换挡时变速杆不得与其他部件干涉。运行中无异响。有分动器的机动车，应在挡位位置标牌或产品使用说明书上说明连通分动器的操作步骤。

（5）传动轴在运转时不得发生振抖和异响，中间轴承和万向节不得有裂纹和松旷现象。

（6）驱动桥工作应正常且无异响。

七、照明信号装置和其他电气设备

汽车的灯具应安装牢靠，完好有效，不得因车辆振动而松脱、损坏，失去作用或改变光照方向；所有灯光的开关应安装牢固、开关自如，不得因车辆振动而自行开关。

1. 灯具数量、光色和位置

（1）汽车及挂车的外部照明和信号装置的数量、位置、光色应符合相关规定。

（2）车辆应安装一只或两只后雾灯，只有当远光灯、近光灯或前雾灯打开时，后雾灯才能打开。后雾灯可以独立于任何其他灯而关闭。后雾灯可以连续工作，直至前后位灯关闭时为止，之后一直处于关闭状态，直至再次打开。车辆(挂车除外)可以选装前雾灯。

（3）空载高于3.00m或宽度大于2.10m的机动车均应安装示廓灯。

（4）汽车（三轮汽车除外）均具有危险报警闪光灯，其操纵装置不受灯光总开关的控制。

（5）各种客车应设置车厢灯和门灯。车长大于6m的客车应至少有两条车厢照明电路，仅用于进出口处的照明电路可作为其中之一。当一条电路失效时，另一条应能正常工作，以保证车内照明，但不得影响驾驶员的视线和其他机动车的正常行驶。

2. 信号装置

（1）机动车的前位灯、后位灯、示廓灯（若安装）、侧标志灯（若安装）、挂车标志灯（若安装）、牌照灯和仪表灯应能同时启闭，当前照灯关闭和发动机熄火时仍应能点亮。汽车的电路连接应保证前位灯、后位灯、示廓灯（若安装）、侧标志灯（若安装）和牌照灯只能同时打开或关闭，但当前位灯、后位灯、侧标志灯作为驻车灯使用（复合或混合）时，则上述情况不适用。

（2）机动车的前、后转向信号灯、危险警告信号及制动灯白天在距其100m处应能观察到其工作状况，侧转向信号灯白天在距30m处应能观察到工作状况；前、后位灯、示廓灯、挂车标志灯夜间天气好时在距其300m处应能观察到工作状况；后牌照灯夜间好天气时在距其20m处应能看清牌照号码。制动灯的发光强度应明显大于后位灯。

（3）车辆仪表板上应设置与行驶方向相适应的转向指示信号和蓝色远光指示信号灯。仪表板上应设置仪表灯，仪表灯点亮时，应能照清仪表板上所有仪表并不得眩目。

3. 前照灯

（1）在正常使用条件下，机动车前照灯光束照射位置应保持稳定。装有前照灯的机动车应有远、近光变换装置，并且当远光变为近光时，所有远光应能同时熄灭。同一辆机动车上的前照灯不允许左、右的远、近光灯交叉开亮。所有前照灯的近光都不允许眩目。

（2）前照灯的远、近光灯丝上下并列设置时，近光灯应位于上侧，其他情况下近光灯应位于外侧。

4. 其他电气设备和仪表

（1）车速里程表、冷却液温度表（水温表）、机油压力表、电流表、燃油表、气压表等各种仪表和信号装置应齐全有效。

（2）车长大于6m的客车应设置电源总开关，个别未经过电源总开关的线路（如危险警告信号线路）应设置保险装置。

（3）长途客车、旅游客车应安装具备记录、存储、显示、打印车辆行驶速度、时间、里程等车辆行驶状态信息的行驶记录装置。

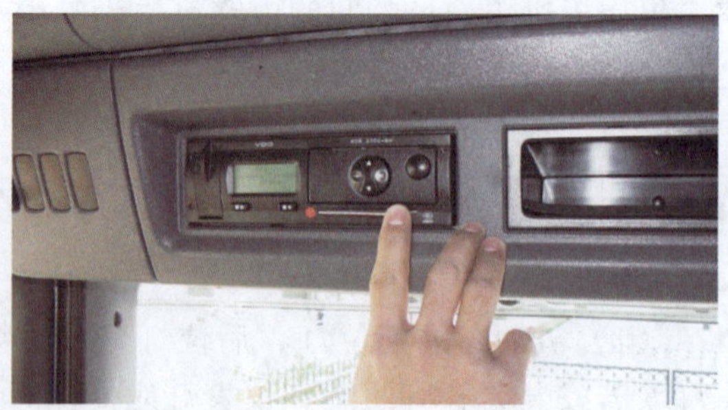

八、车辆改装

1. 合法改装

根据公安部《机动车登记规定》第16条规定，在不影响安全和识别号牌的情况下，增加机动车车内装饰，机动车所有人不需要办理变更登记。

已获得道路运输证的车辆确需改装的，道路运输经营者应当事先获得有关部门的批准，交由合法改装企业实施车辆改装作业。改装完毕后，道路运输经营者应当到有关部门办理车辆行驶证变更手续，并经车辆综合性能检测合格后，到交通主管部门和道路运输管理机构办理道路运输证变更手续。

2. 非法改装

非法改装指对车辆的外观、动力系统、传动系统、制动系统进行非国家法律允许及厂商同意的超出原车设计负载能力及功能的改装。主要包括以下行为：

（1）擅自改变车辆类型或用途。指擅自将客车改为货车、货车改为客车、卧铺客车改为座位客车、座位客车改为卧铺客车。

（2）擅自改变车辆颜色。指擅自将驾驶室和车身改为与原车辆不同的外观颜色。

（3）擅自改变车辆主要总成部件。指擅自更换与原车型不一致的发动机、变速器、前桥、后桥或者车架；擅自更换车辆车身或者罐车罐体；擅自改变车辆悬架形式（空气悬架、复合悬架、钢板弹簧式悬架等悬架形式之间的改变）。

（4）擅自改变车辆外廓尺寸或者承载限值。擅自增加或者减少轮胎数量；擅自增加或者减少车轴数量；擅自增加客车座位或者卧铺铺位。

非法改装道路运输车辆，将破坏车辆本身的结构和性能，给车辆行驶带来安全隐患，同时会造成道路运输市场的不公平竞争，不利于道路运输市场健康协调发展，危害很大。

九、燃料消耗量限值要求

（1）总质量超过3500 kg的道路旅客运输车辆的燃料消耗量应当满足交通行业标准《营运客车燃料消耗量限值及测量方法》的要求。不符合道路运输车辆燃料消耗量限值标准的车辆，不得用于营运。

（2）县级以上道路运输管理机构在配发道路运输证时，应当按照《燃料消耗量达标车型表》对车辆配置及参数进行核查。经核查，未列入《燃料消耗量达标车型表》或者与《燃料消耗量达标车型表》所列装备和指标要求不一致的，不得配发道路运输证。

（3）已进入道路运输市场车辆的燃料消耗量指标应当符合《道路运输车辆综合性能要求和检验方法》（GB 18565－2016）的有关要求。

第三节　轮胎的合理使用

轮胎是车辆的重要部件，它除了承受自身的质量外，还担负着推动车辆行驶和缓冲与地面冲击的重任。合理选择和使用轮胎，对节约成本、防止轮胎非正常损坏和延长轮胎使用寿命具有重要作用。

一、轮胎使用寿命的影响因素

影响轮胎使用寿命的因素有：轮胎气压、轮胎负荷、行驶速度、道路条件等。

胎压不能过高或过低，轮胎气压处于标准胎压，轮胎使用寿命更长。轮胎气压过高，会导致轮胎刚性增大，轮胎的胎冠中部磨损加剧。轮胎气压过低，会导致胎面接地面积变大，轮胎的胎冠两侧磨损加剧。对于双胎并装的车轮，双胎中一个轮胎气压过低，会对另一个轮胎造成影响。

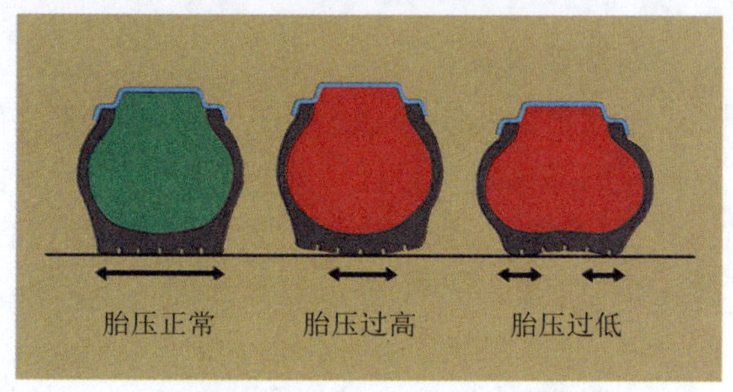

轮毂变形会影响轮胎的使用寿命。前轮定位失准、严重超载或偏载、轮胎气压过高，会使轮胎磨损加剧。

起步平稳、合理控制车速，平缓制动，能延长轮胎的使用寿命，节约燃料。车辆行驶速度过快时，轮胎在路面上会产生滑移，导致轮胎磨损加剧。汽车高速行驶，会使胎温急剧升高，胎体刚性增大，导致胎面磨损增加。

二、轮胎的使用要求

轮胎的正确使用方法有：合理搭配轮胎、保持气压正常、及时进行轮胎更换和换位。

1. 合理选用轮胎

选择轮胎时应综合考虑汽车的技术要求、承载和设计速度等指标。经常低速行驶的汽车宜选用加深花纹或超深花纹的轮胎（经常高速行驶的汽车不宜选用加深花纹和横向花纹的轮胎）。

2. 合理搭配轮胎

轮胎搭配使用时，同轴不得混装新胎和旧胎、不得混装高压胎和低压胎、不得混装子午线轮胎和斜交轮胎。一般情况下，新旧轮胎搭配时，各轮胎花纹磨损程度相差不超过3mm。

换装轮胎时，同一车轴上装用的轮胎应做到同厂牌、同规格、同花纹、同气压标准。不同制造厂的轮辋、新旧轮辋、挡圈和锁圈不可以混装。

3. 轮胎的日常保养

经常对轮胎气压进行检查和补气，保持正常的轮胎气压，定期对轮胎进行换位，是合理使用轮胎和延长轮胎寿命的最有效措施。常用的轮胎换位法包括交叉换位法、循环换位法、单边换位法等。

汽车载客必须严格遵守额定的载质量，不得超员，避免超出轮胎的额定负荷。

客车转向轮轮胎花纹深度低于3.2mm，后轮轮胎花纹深度低于1.6mm时，要及时更换轮胎。出现胎侧被扎、轮胎气门嘴漏气等情况时，也需要更换轮胎。汽车前轴换新胎时，要成双更换。汽车更换新胎后，应做动平衡测试，不得直接使用。

第四节 节能与环保技术

道路运输行业是能源消耗大户。在道路运输生产过程中，应用节能减排技术，采用节能驾驶操作方法，既有利于保护环境，又有利于增加企业经济效益，也是驾驶员履行社会责任的重要体现。

一、汽车主要污染物的种类及危害

汽车噪声和尾气会对人体健康和环境产生不良影响。汽车噪声主要来自于发动机噪声、轮胎噪声、喇叭声。

汽车发动机排放的主要污染物有：氮氧化物（NO_x）、碳氢化合物（HC）、一氧化碳（CO）、颗粒物（PM）。其中，碳氢化合物（HC）可引起头晕、头痛、失眠，还可导致白血病、癌症；氮氧化物（NO_x）、二氧化硫（SO_2）在大气中会产生酸雨效应；氮氧化物（NO_x）、碳氢化合物（HC）会在大气中形成光化学烟雾，危害人体呼吸系统。柴油机排放的主要有害成分是氮氧化物（NO_x）、颗粒物（PM），其中颗粒粉尘对人的眼睛和呼吸道危害很大。

二、汽车燃料消耗的影响因素※

车龄和车况（包括车身外形）、车辆的负载、天气和季节、道路交通情况等因素会影响车辆的油耗。

空气滤清器滤芯部分堵塞时，油耗将增加。轮胎气压低于标定气压时，油耗将增加。齿轮油黏度、抗磨性及温度性能不符合要求时，油耗会增加。

行驶系机件的技术状况会影响油耗，轮毂轴承过紧，油耗增加；轮毂轴承过松，油耗

增加；前轮定位不准，油耗增加；轮胎气压过低，油耗增加。

发动机保持中等转速时，油耗较低。发动机转速过低、过高或忽高忽低时，车辆的油耗会增加，排放的污染物也会增加。频繁启动车辆，会增加油耗。

选择车辆时要考虑节能环保的要求，根据车辆的用途、经常的运行环境、经常使用的工况等因素科学选择。合理选用燃料、润滑油和轮胎等，可以降低燃油消耗，减少对生态环境的污染。

三、节能驾驶方法

节能驾驶以安全为前提，没有安全，节能就毫无意义。节能环保的驾驶操作方法包括：平稳起步（起步前预热发动机、起步时慢给油），合理控制车速（匀加速，低速挡不超速，高速挡不缓行，条件允许时尽量使用高速挡，合理带挡滑行）；防御性驾驶；合理使用空调。

冷天水温达到40℃时方可快速行驶

（1）柴油机冷启动时应首先开启发动机预热系统，在充分预热后再进行启动操作（冷启动是指在发动机温度低于5℃时启动发动机；热启动是指在发动机温度高于40℃时启动发动机）。

（2）平稳起步、平稳转向既安全又节能，缓加速比急加速节油。低温条件下使用预加热装置热车后起步的优点有：降低油耗、减少发动机不正常磨损、有利于变速箱变速齿轮的润滑、使燃油燃烧更充分。

（3）在运输过程中，应关注机油温度、冷却液温度。水温表的读数在80～95℃区间时，发动机油耗较低，转矩和功率较大。水温表读数达到100℃时，需要停车或低速行驶，让发动机温度降到正常区域。

避免大开节气门和使用高挡位

（4）发车前进行车辆检查、保持发动机转速在经济区间等操作能够实现节能减排。运输过程中，要根据道路状况、车辆载荷情况控制好车速，最好选择经济车速行驶。在道路条件较好时，尽量使用高挡位。电喷发动机在滑行减速时，应该挂挡滑行。

（5）在熟悉的城市里运输时，最好提前规划好行车路线，尽量避开火车站、繁华街道、学校、医院。经常在山区道路行驶的车辆应选择耐磨、稳定性好、散热好的轮胎。山区道路崎岖，坡度大，车辆行驶速度低，车辆配置上需要发动机输出扭矩较大，发动机输出功率较大。

（6）停车时，应尽量避免将车辆停放在上坡路段、积水路段、松软路面。较长时间停车时，应将发动机关闭，可以节约燃料消耗，减少汽车噪声。

四、汽车新能源与节能技术应用

电喷发动机在转速高于设定转速，且加速踏板完全放开时，会自动切断燃油供给。和传统发动机比较，高压共轨发动机的优势在于提高燃烧效率、降低尾气排放、降低发动机噪声。车辆经过高速或爬长坡行驶后，停车时不应为了减少油耗立即关闭发动机。

采用废气再循环装置的发动机，可以降低氮氧化物（NO_x）排放。尾气后处理装置能直接转化尾气中的有害气体。

车辆装有ABS系统，在使用行车制动时应用力踩下制动踏板不放松，制动时能感觉到制动踏板发生振颤是其正常的工作特性。

缓速器是有效的辅助制动系统，可有效减缓车辆行驶速度，可长时间、高频率制动，适合在下长坡时使用（并非任何时候都可使用）。

驾驶装有涡轮增压发动机的车辆时，应注意：增压发动机启动时，怠速预热1～3min（并非3min以上）；停车后保持发动机怠速运转3～5min；保持空气滤清器、机油滤清器清洁；合理选择机油，保证润滑有效。

第五节　汽车新技术应用※

一、汽车新技术

汽车新技术包括ABS系统、缓速器、涡轮增压技术、高压共轨技术等。ABS系统、缓速器、涡轮增压技术、高压共轨技术，以及尾气后处理装置的使用可提高汽车的综合性能。

根据国家标准要求，车长大于9m的公路客车和旅游客车、所有专用校车必须安装ABS系统。涡轮增压发动机在保证相同额定功率时，排量与非增压发动机相比小，燃油经济性比非增压发动机要好。

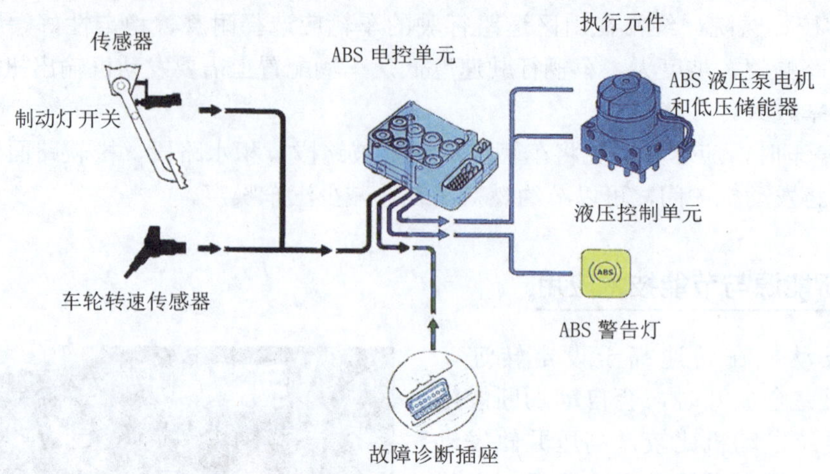

二、代用燃料汽车的使用常识

代用燃料车的种类包括天然气汽车、甲醇汽车、乙醇汽车、液化石油气汽车。燃气汽车充装燃气时，驾驶员应配合加气人员检查气瓶及液位指示情况，充气前关闭车上所有电器设备，不站在充气阀门正面。

三、卫星定位系统的应用

卫星定位系统车载终端具有自检、定位、通信、信息采集、行驶记录、监听、通话、警示等功能（警示功能分为人工报警和自动提醒；在驾驶员超速、疲劳驾驶时提醒，能够实现信息采集和休眠功能）。

道路运输企业应配备专职人员监控车辆行驶动态，分析处理动态信息。道路运输企业对卫星定位系统监控到的违法驾驶信息要留存在案，至少保存1年。

道路旅客运输车辆应安装符合标准要求的卫星定位装置，并接入全国重点营运车辆联网联控系统。已取得道路运输证但没有按照规定安装卫星定位装置或未接入全国联网联控系统的道路旅客运输车辆，依据规定将被暂停营运车辆资格审验。

道路运输企业或驾驶员使用卫星定位系统过程中出现私自修理、故意破坏和拆改系统设备的行为时，要依据规定予以处理，甚至追究法律责任。

第七章

道路运输安全、应急处置

驾驶员作为保障道路运输安全生产的直接责任人，学习道路运输安全、应急处置的相关知识很有必要，也是从业资格考试的重点之一。

第一节　道路旅客运输安全驾驶※

安全、文明行车是保证运输安全的前提，驾驶员应遵章守法，谨记和践行安全行车的三条黄金原则，即：集中注意力、仔细观察、提前预防。在道路运输过程中，善于控制自己的情绪，礼让他人，拒绝疲劳驾驶和酒后驾驶。也只有这样，才能确保将乘客及货物安全、顺利、及时送达目的地。

一、安全行车

（一）视情况调整车速

行车时，驾驶员应严格遵守标志标线标明的车速，并根据天气情况、道路情况、交通情况及车辆不同行驶状态等适时调整车速。例如：雨天、雪天、大雾天气、沙尘天气行车时，经过冰雪、积水、坑洼路段时，道路拥堵，车辆行经交叉路口、桥梁、上下坡路，或车辆在转弯、掉头、会车等行驶状态下时，都需要适时降低车速；车辆进入高速公路行车道、超车时，都要适时提高车速。

（二）保持合适的跟车距离

行车中保持合适的跟车距离，既可以预防前车紧急制动时自己不致手忙脚乱，又可以保证出现紧急情况时有足够的停车距离，还可以避免驾驶紧张，缓解驾驶疲劳。

（1）保持至少与当前行驶速度一致的跟车距离，即车速为60km/h时，安全距离最少保持60m；车速为40km/h时，安全距离最少保持40m，或至少保持3s以上时间的安全距离。

知识扩展

怎样了解自己的跟车距离是否安全？

例如您的安全跟车距离是5s，当前车经过一个比较明显的标志或固定物体时，即开始默数，当您不慌不忙数完5个数字：501、502、503、504、505，此时您的车辆刚好到达这个明显标志或固定物体时，这个前后车之间的距离，就是安全的跟车距离了。

（2）在雨天、雪天、雾天、沙尘天气，湿滑路面、砂石路面，与前车要保持比平时更大的安全距离。

（3）小车制动距离短，大车制动距离相对较长，跟行小车时，小车紧急制动情况下，便有可能造成追尾。因此，客货车跟行小车时，要适当加大安全距离。

（三）正确使用灯光

1. 转向灯的使用

（1）车辆向左转弯、向左变更车道、准备超车、驶离停车地点或者掉头时，应当提前开启左转向灯。

（2）车辆向右转弯、向右变更车道、超车完毕驶回原车道、靠路边停车时，应当提前开启右转向灯。

2. 危险报警闪光灯的使用

（1）车辆雾天行驶时，开启危险报警闪光灯。

（2）车辆在道路上发生故障或者发生交通事故，妨碍交通又难以移动时，应当按照规定开启危险报警闪光灯。

（3）牵引故障车时，牵引车和被牵引车均应当开启危险报警闪光灯。

（4）车辆发生转向失控、制动失效等紧急情况时，应该开启危险报警闪光灯，向其他车辆传递危险信号，让其注意避让。

3. 远光灯、近光灯的使用

（1）车辆在夜间没有路灯、照明不良或者遇有雾、雨、雪、沙尘、冰雹等低能见度情况下行驶，与前车距离较近时，不能使用远光灯。

（2）车辆在夜间通过急弯、坡路、拱桥、人行横道或者没有交通信号灯控制的路口时，应当交替使用远、近光灯示意。

（3）车辆超车时，应当提前开启左转向灯，变换使用远、近光灯或者鸣喇叭。

（4）夜间会车应当在距相对方向来车150m以外改用近光灯，在窄路、窄桥与非机动车会车时应当使用近光灯。

（5）夜间行车时，车速在30km/h以下时，使用近光灯；车速在30km/h以上时，使用远光灯。

（6）夜间转弯时，开启近光灯。

（7）车辆在高速公路上行驶，遇有雾、雨、雪、沙尘、冰雹等低能见度气象条件时，使用近光灯。

（四）关注车辆状况及仪表读数

（1）出车前和收车后对车辆技术状况进行检查，排除隐患，行车中随时注意车辆技术性能变化，发现问题及时处理。

（2）在山区道路行车时，驾驶员应随时注意制动器工作效能，气压制动的车辆要注意观察气压表读数；液压制动的车辆在感到制动踏板发软时，要及时停车检查，防止出现

“气阻”现象。

（3）夜间行车前要确保车灯和内外后视镜状况良好。

（4）炎热天气行车，驾驶员关注水温表读数，防止发动机过热，水温表读数控制在95℃以下。

（五）注意标志、标线和其他指示信息

（1）通过桥梁前，注意桥头交通标志或提示，按照指示行车，车重超过限制时，应绕道行驶。另外，尽量避免在窄桥上换挡、制动、会车和停车。

（2）进入隧道、涵洞前，应注意观察交通标志和用文字说明的规定，尤其要确认车辆高度不超出规定范围。

（3）严格按照标志标线规定的速度行车。

（4）注意路旁指示牌、标语。在山区道路行驶，路侧设有“（向左、向右）急弯路”或“连续弯路”等警告标志时，提示驾驶员及时减速、靠右侧行驶；在城市道路行驶，遇前方路侧有“注意行人”或“注意儿童”的标志时，提示前方可能会有行人、小孩突然横穿马路的危险，驾驶员应注意观察、减速慢行；遇到类似“事故多发地段”“追尾危险，保持车距”等标语时，驾驶员更要提高警惕，谨慎驾驶。

二、文明行车

（一）关心其他交通参与者

（1）身为职业驾驶员，需要了解不同道路交通参与者的特点，针对其特点采取减速、礼让等不同应对措施，共同构建安全和谐的交通环境。

（2）道路运输驾驶员在行车中，应做到不开英雄车、赌气车、冒险车和带病车，不仅要注意自身交通安全，还要避免给其他车辆构成威胁。

（3）车辆经过积水路面时，应特别注意减速慢行，以免泥水飞溅到行人身上。

（二）注意礼让

（1）观察到后车示意超车时，应在条件允许的前提下及时减速靠边让行，为其让出足够的超车空间。

（2）超越其他车辆时，应首先判断有无超车条件，如果前车行驶速度很快，没有让行意图，应果断放弃超车，保持合适跟车距离跟行，等具备超车条件时再超车。

（3）超车时发现前车正在超车或正要超车，应等前车超车完成后再超车。

（4）会车时，应及时减慢车速。尤其在狭窄道路会车时，应提前降速，必要时安全靠边停车让行，交会完毕再继续行驶。

（三）乐于助人

（1）行车中遇到老人、儿童、残疾人士、孕妇等需要特殊关照的群体，要及时减慢车速，尽量让其先通过，必要时给予一定的帮助。

（2）前方遇有交通事故，需要帮助时，应减速停车，协助对方保护现场，并立即报警；受伤者需要保护时，应协助将伤者送医院抢救或拨打急救电话。

（3）发现其他驾驶员的车辆有隐患时，应在确保己车安全的前提下及时提醒对方，以防止事故的发生。

（四）合理解决矛盾

驾驶员在行车中，遇到其他车辆违法行驶，占道抢行，强行超车等不讲文明礼貌的行为时，应保持冷静的心态，尽量避免引起事端。当与他人发生矛盾和争端时，尽量保持平和、宽容的心态，和平解决问题，不带着情绪驾车。

三、遵守交通信号

交通信号是在道路上用来传送交通管理信息的光、电波、声音以及动作等，是道路交通参与者之间传递信息和表达驾驶意图的“语言”。道路交通常用的信号有手势信号和灯光信号。手势信号是由交通管理人员通过手臂动作显示的；灯光信号则是由道路交通信号灯显示的。

道路运输驾驶员应充分认识交通信号的重要作用，严格按照交通信号的指示行车。

（一）遵守灯光信号

道路运输驾驶员应认真学习有关交通信号的基本知识，掌握各种交通信号的作用，领会各种交通信号之间的关系。交通信号的主要作用是保障交通参与者有序通行，确保车辆、行人的通行安全，车辆、行人应当按照交通信号通行，这是最基本的道路交通规则，是实现交通安全的重要条件。行车时，驾驶员应按照交通信号灯的指示行车。

（二）遵守手势信号

在各种交通信号中，交通警察的指挥优先于其他交通信号，遇交通警察现场指挥时，应当按照交通警察的指挥通行。

四、道路运输驾驶员心理因素对安全驾驶的影响

（一）情绪和情感对安全驾驶的影响

驾驶员的情绪和情感对道路运输安全具有很大影响，情绪和情感表现为积极和消极的两面性。

在现实生活中，人们每天都有不同的情绪，有时情绪好，有时情绪坏，如兴奋、欢喜、骄傲、生气、烦躁、郁闷、恐惧等。无论是积极亢奋的情绪，还是消极低沉的情绪，都会影响安全驾驶。

（1）愉快的情绪和情感会使人精神焕发，驾驶员带着积极乐观的情绪、情感驾车，

就会勤于观察、反应迅速。但情绪过于高亢、兴奋时，驾驶员容易分散注意力，对交通情况的判断能力降低，甚至会高估自己的驾驶技能而开“英雄”车。

（2）情绪低沉、郁闷时，驾驶员也容易分散注意力，操作失误增加，活动能力减弱，甚至有开“斗气”车的可能。

所以，行车时保持平和的心态、稳定的情绪和良好的精神状态对安全行车是至关重要的。

（二）性格对安全驾驶的影响

性格是指对人、对事的态度和行为方式上所表现出来的心理特点，是人的个性心理特征。人的性格各异，不同性格的人，处理问题的方法和效果不同。

性格与安全行车有着极为密切的关系，良好的性格是安全行车的重要条件。驾驶员要加强学习，提高自身修养，在实践中磨炼自己的意志，提高自身的职业素质，养成良好的性格。

不同性格特征对行车安全的影响

性格类型	性　格　特　征	风险偏好
理智型	以理智来评价、支配和控制自己的行为	低
情绪型	不善于思考，言行举止易受情绪左右	高
意志型	行动目的明确，主动积极	一般

（三）注意力对安全驾驶的影响

注意力是指心理活动对一定对象的指向和集中。车辆行驶中，驾驶员心理活动有选择地指向和保持集中于当前的道路交通环境。注意力是驾驶员安全行车中重要的心理因素之一。引起驾驶员注意力不集中的原因很多，如主观意识、生理状况、情绪和兴趣取向等。当驾驶员出现注意力不集中的情况时，就不能全面观察、正确判断和妥善处理当前的交通状况，容易导致交通事故的发生。

影响驾驶员注意力的原因和解决办法见下表。

影响驾驶员注意力的原因和解决办法

注意力不集中的原因	解　决　办　法
精神紧张或情绪不稳	行车前尽量保持情绪稳定
	不能使情绪平静时，坚决不能上路行驶
与同伴热烈交谈	行驶中不要过多交谈
	交谈的同时不要忽略对道路交通情况的观察
	行驶中应避开容易引起情绪激动的话题
	如果交通状况比较混乱，应停止交谈

续表

注意力不集中的原因	解决办法
音响声过大	将音量调小，以便及时获知外界的交通动态信息
	不要被吵闹的音乐或收音机中的有趣节目分散注意力
	行驶中不要摆弄收音机
接听或拨打手机	驾驶车辆时，禁止接听或者拨打手机
	遇特殊情况，应将车辆停放在安全地点再接打电话
车上比较吵闹	妥当处理引发吵闹的事件后，再继续行车

（四）意志对安全驾驶的影响

意志是人们自觉地确定目标，并且根据目标来支配自身的行动，克服困难，实现目标的心理过程。当一个人意识到自己或者社会有某种需要，就会产生满足需要的愿望，从而有意识地确定目标、拟定计划、做出行动，从产生动机到采取行动的这种心理过程就是意志。对道路运输驾驶员来说，为了实现安全行车这个目标而采取多种措施，克服运输中的各种困难，这个过程就是其意志的体现。

意志是由不同的因素构成的，这些因素被称为意志品质，主要包括自觉性、果断性、自制性和坚持性。自觉性也称为独立性，是指人们能够根据自己的认识与信念，独立主动地确定目标，并且根据目标调节自己的行动。果断性是指人们能够明辨是非，及时合理地做出决定并且实现这些决定。自制性是指人们能够很好地调节自己的情绪，掌握和支配自己的行动。坚持性是指人们能够百折不挠地克服困难和障碍，坚持不懈地为实现目标而努力。自觉、果断、自制、坚持的道路运输驾驶员能够主动认识到安全行车的重要性，自觉地遵守各项法律法规和操作规程，随时掌握和控制自己的言行，持之以恒地贯彻安全、文明的理念，在遇到困难时能够果断地作出决定、采取对策。

五、道路运输驾驶员生理因素对安全驾驶的影响

（一）疲劳对安全驾驶的影响

驾驶疲劳是指驾驶员经过长时间连续行车后，心理机能和生理机能失调，在客观上出现驾驶技能下降的现象。

驾驶员产生驾驶疲劳的原因主要有以下几个方面。

1. 生活方面的原因

（1）睡眠：睡眠不足，就寝晚，休息时间少；睡眠质量差等。

（2）环境：居住环境，如睡眠环境嘈杂，居住地点与工作地点过远；家庭环境，如家务烦事多，夫妻不和睦等。

2. 驾驶作业中的原因

（1）车内环境：车内空气质量差；车内温度过冷、过热；车内湿度过大；与同车人的关系紧张等。

（2）车外环境：行车时间，如午后、黄昏、凌晨、深夜；气候，如风沙、雨、雪、雾；道路条件，如连续转弯、路面状况不良；线路条件，如繁华街道、山地；交通条件，如道路拥挤、阻塞，混合交通等。

（3）运行条件：行驶条件，如长时间（超过4h）、长距离行驶；行驶时间限制，如限时到达；行车状态，如车速过快等。

3. 驾驶员自身的原因

（1）驾驶员身体条件：体力、耐久力差，视听能力差、患有某种慢性病的驾驶员比其他驾驶员更容易疲劳。驾驶员驾驶疲劳时会出现视力下降、注意力分散、犯困打盹等现象，导致反应迟缓，操控能力下降等，从而引发交通事故，其危害不容忽视。

（2）驾驶经验和技术水平：驾驶经验不足易导致操作生疏和困难，增加驾驶的紧张感和疲劳度。驾驶经验不足、驾驶技术水平较低的驾驶员相比驾驶经验丰富、驾驶技术娴熟的驾驶员更容易疲劳。

（3）年龄条件：相比之下，年龄较大的驾驶员要比年轻驾驶员更容易出现疲劳。

（4）性别条件：一般情况下，女性驾驶员由于身体素质相对男性较差，更容易出现驾驶疲劳。

（5）驾驶员性格、气质等。

（二）疾病和药物对安全驾驶的影响

各种类型的不适、疼痛、疾病或残疾均会分散驾驶员对交通状况的注意力，从而降低车辆行驶的安全性。在患有疾病的情况下驾驶车辆，判断能力、观察能力、控制能力都会大大降低，从而增加发生交通事故的风险。

因此，驾驶员需注意以下事项：

（1）身体有强烈的疼痛感，有包扎或绷带会影响行动能力，不宜驾驶。

（2）定期到医院做身体检查，及时发现身体存在的不良状况。

（3）注意劳逸结合，保持心情愉悦。

（4）严重心脑血管疾病患者不宜从事驾驶职业。

服用对神经系统有影响的药物，如镇定安眠药物、止痛药物、含有氯苯那敏（扑尔敏）的感冒药物、抗过敏药、降压降糖药物、抗抑郁焦虑药等，会使驾驶员反应迟钝、注意力降低、动作准确性下降，从而容易导致交通事故。如果服用了这些药物，至少在4h之内不要驾车，部分药品要休息6h后再驾车。

（三）酒精对安全驾驶的影响

酒精会影响中枢神经系统，会导致驾驶员感知能力下降、反应速度变慢、预警能力下降和自我判断能力变差，会对安全行车造成严重威胁。当驾驶员血液中的酒精含量超过1‰时，就会出现头脑昏沉、神志不清、眼花缭乱和精神疲乏等症状，从而进一步导致驾驶员出现判断力下降、自控力变差和反应迟缓等现象。

以体重为65 kg的驾驶员为例，饮酒量与事故危险性的关系见下表。

酒精对行车安全的影响

饮酒量	百毫升血液酒精含量/mg	反应延时/s	停车距离延长值/m		
			30km/h	60km/h	90km/h
半瓶啤酒 2两红酒 4钱52度的白酒	20	0.2～0.4	1.7～3.3	3.3～6.7	5.1～10.0
1瓶半啤酒 半斤红酒 1两52度的白酒	50	0.3～0.6	2.5～5.0	5.0～10.0	7.5～15.0
2瓶半啤酒 8两红酒 2两52度的白酒	80	0.5～1.0	4.2～8.3	8.3～16.7	12.5～25.0
4瓶半啤酒 1斤半红酒 3两52度的白酒	150	0.8～2.0	6.7～16.7	13.3～33.3	20.0～50.0

（四）视觉特性对安全驾驶的影响

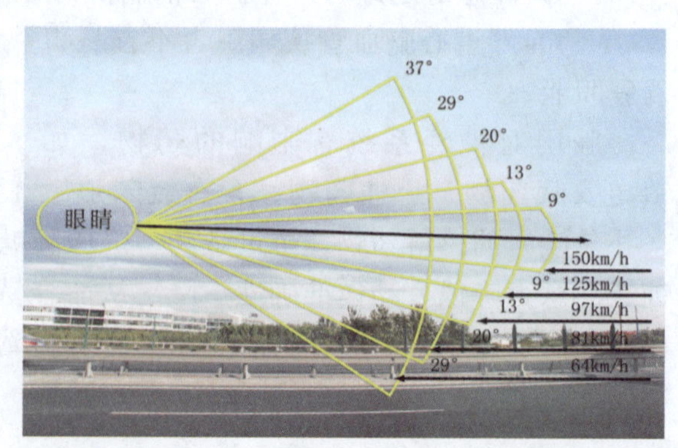

（1）驾驶员的眼睛是保证行车安全的重要感觉器官，驾驶中80%～90%的信息是依靠视觉获得的。根据运动状态，驾驶员的视力可以分为静视力和动视力：驾驶员在静止状态下的视力为静视力；在行车过程中的视力为动视力。一般来说，动视力比静视力低10%～20%。此外，随着车速的提高，驾驶员的视野会越来越狭窄。

（2）驾驶员的眼睛对光线的强弱变化

有一个适应过程。驾驶车辆从明亮的区域进入黑暗的区域时，驾驶员的视觉感受性会突然降低，然后逐渐恢复，这个过程叫做暗适应。从黑暗区域进入明亮区域时，驾驶员也会经历明适应的过程。

（3）黄昏时分的驾驶视线极差，驾驶员难以辨别周围的车辆和行人，很容易发生危险，因此黄昏行车时一定要加倍谨慎。

六、道路运输驾驶员反应时间对安全驾驶的影响

车辆在行驶过程中，驾驶员感知的信息经过大脑处理后，才能做出具体的操作。以车辆制动停车为例，车辆在行驶中，如果前方突然出现紧急情况需要停车时，驾驶员要采取一系列的动作，如下图所示。

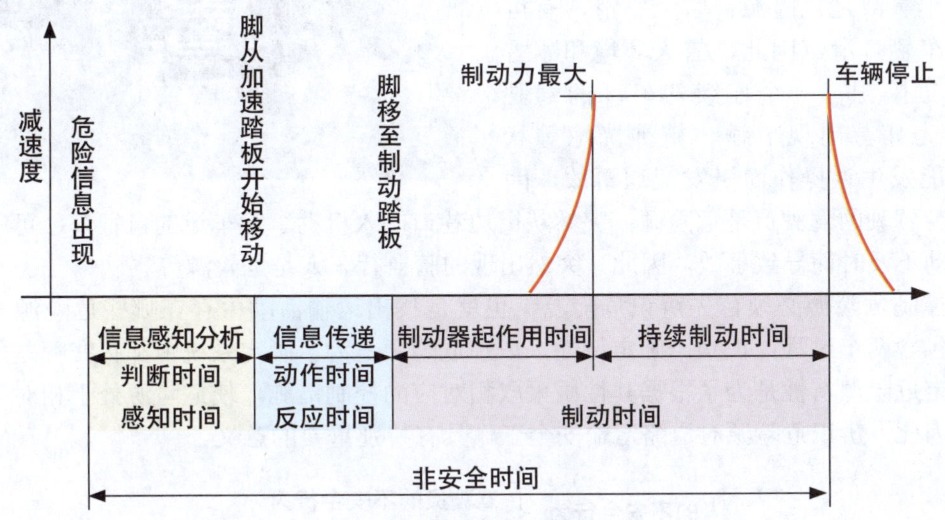

驾驶员制动反应过程

反应特性是对某种刺激所产生的应激动作，即从接收信息（感知）到反应（决策）产生效果的过程。整个过程所需的时间，可以划分为感知时间和反应时间。

感知时间是指在正常条件下，从眼睛观察到聚焦目标再到大脑识别出危险类型和性质的时间。反应较快的驾驶员一般需要0.75 s的感知时间。反应时间是指正常条件下，从大脑传递制动信号给脚，脚从加速踏板移至制动踏板的这段时间。驾驶员一般需要0.75 s的反应时间？（车辆时速为88 km时，这相当于18 m的距离）。特殊的生理状况会很大程度上影响驾驶员的感知时间和反应时间。

驾驶员反应越快，处理情况越及时，安全行车就越有保障。研究表明，驾驶员的反应能力除了与年龄、技术、经验有关外，还受到疲劳程度、车速、药物和酒精、生理、心理状况等因素的影响，驾驶员在行车中应尽量排除这些因素的干扰。

第二节　危险源辨识与防御性驾驶※

道路行车环境复杂，驾驶员随时要面对各种道路环境及突发事件。驾驶员了解危险源的知识，掌握行车中危险源的辨识方法，可以更有效地避免道路交通事故。面对危险源提前采取有效的防御性驾驶方法，可以有效地避免事故的发生。掌握各种突发情况应急处置和急救知识，可以极大地降低事故的损伤程度和提高受困、受伤人员的生还概率。

一、基础知识

（一）危险源基础知识

从安全生产角度解释，危险源是指可能造成人员伤害和疾病、财产损失、作业环境破坏或其他损失的根源或状态。例如：两车相撞后有可能引起二次事故，因此，撞车事故是危险源；雪天路滑，有可能引起车辆打滑，因此，雪天环境和冰雪路面是危险源；一个连续驾车7h的驾驶员，因为疲劳出现嗜睡、精神恍惚等状态，可能发生误操作而引发交通事故，因此，疲劳驾驶的驾驶员是危险源；突然从街边巷口闯入机动车行车道的自行车，可能使驾驶员制动不及时而导致事故，因此，突然出现的骑自行车人是危险源等。

要控制危险源必须首先辨识危险源，也就是找出运输活动中存在哪些危险源。辨识危险源包含两个过程：识别、确定特性。识别危险源是为了确定系统中都存在哪些危险因素；确定危险源特性是为了根据其性质采取相对应的控制措施，使危险源处于相对安全的状态。因此，辨识危险源对道路运输安全工作具有特别重要的意义。

- 危险源
  - 人的不安全行为
    - 驾驶员的不安全行为
    - 其他交通参与者的不安全行为
  - 物的不安全因素
    - 车辆本身特点的不安全因素
    - 车辆结构、技术状况的不安全状态
    - 车内物品、车载货物的不安全状态
  - 道路的不安全因素
    - 典型道路的不安全因素
    - 特殊路段的不安全因素
    - 路面通行条件不良
  - 行车环境不安全因素
    - 夜间的不安全因素
    - 特殊天气的不安全因素
    - 自然灾害
  - 运输企业安全管理不完善

道路运输危险源辨识的主要内容

（二）防御性驾驶基础知识

防御性驾驶是指在任何情况下，包括其他交通参与者发生了违规行为的情况下，都能保证生命健康安全、节省时间、避免损失的驾驶方法。防御性驾驶要求驾驶员既要主动避免危险及事故，又要避免被动卷入事故。

防御性驾驶强调遵守一系列规则，采取一切必要的措施：更全面、有效地观察其他交通参与者、车辆、道路、环境等交通情况，科学分析、理性预测存在的危险因素，进行以安全为目标的行动决策，并据此提前采取预防性操作措施，避免出现紧急情况，防范事故。

二、危险源辨识与防御性驾驶

（一）各种行驶状态下的危险源辨识与防御性驾驶

1. 跟车

客货车跟车行驶时，常因跟车距离太近、行驶速度过快造成追尾事故；客货车被跟行，尤其是被小车跟行时，由于客货车盲区较大，很有可能因为客货车驾驶员无法观察到盲区内情况而发生危险。由此可见，跟车行驶时，前车对于后车是危险源；被跟行时，后车对前车也是危险源。

跟车防御性驾驶

（1）跟车时，注意前车速度和制动灯变化，发现前车制动灯亮起，要及时减速，并提示后车。

（2）减速要提前。要给后车留出足够的反应时间和减速空间，可先轻踏制动踏板，用制动灯提示后车。

（3）保持合适的跟车距离。根据行驶速度、天气条件、道路条件、跟行车辆类型的不同，选择适当的跟车距离。例如，在雨天、雾天和雪天等恶劣天气条件下，需要与前车保持比平时更大的安全距离。

（4）注意观察后视镜。驾驶员要经常观察后视镜，注意车后情况。如果后车紧紧跟随，驾驶员可利用灯光信号或手势传递行驶意图。后车长时间紧紧跟随，可减速靠右让行或者打手势，示意后方跟随的车辆先行。

（5）注意观察前车状态，前车如出现左右摇摆、忽快忽慢等现象时，应意识到前车可能出现故障或驾驶员状态不佳，跟车驾驶员应放慢车速，加大跟车距离，并警示后车。另外，如果前车是大货车，还应注意

货物是否偏斜，是否有货物掉落等。

（6）避免紧急制动。跟车时应避免紧急制动，以免将乘客甩出座位、使乘客晕车或撞到前座，或者使货物发生移动，甚至车辆倾翻。

（7）行车中发现后车跟车过近时，可以轻踩几次制动踏板提醒后车，注意踩下的力度要适中，以能够点亮制动灯，但是不减慢车速为宜。

2. 会车

会车时，道路类型（如窄桥、坡道、隧道、涵洞、急转弯路）、路面情况（如路面是否有积水、障碍物、泥土、冰雪）、对方车辆情况（如类型、速度、装载情况、行驶状况、是否占道行驶）、周围其他交通参与者状况（如行人、骑车人、其他机动车、牲畜、畜力车等的行走、行驶状态，是否存在违规通行的情况），都会对会车安全造成影响。车辆会车过程中，道路交通情况复杂且随时都可能发生变化，驾驶员应随时准备好应对这些变化。会车时，如果驾驶员不考虑交会地点和路面情况，不能把握好车辆行驶速度和路线，忽视自身车辆和他车的车型、装载，不注意其他交通参与者的通行状态，盲目强行会车，很容易发生事故。

会车防御性驾驶

（1）根据双方车辆及道路情况，提前把右脚从加速踏板移到制动踏板，保证能够随时制动减速。若条件允许，路面较宽时，可不降速直接交会。

（2）保证车辆与对面来车，同车道的其他车辆、行人和非机动车保持足够的横向安全间距。

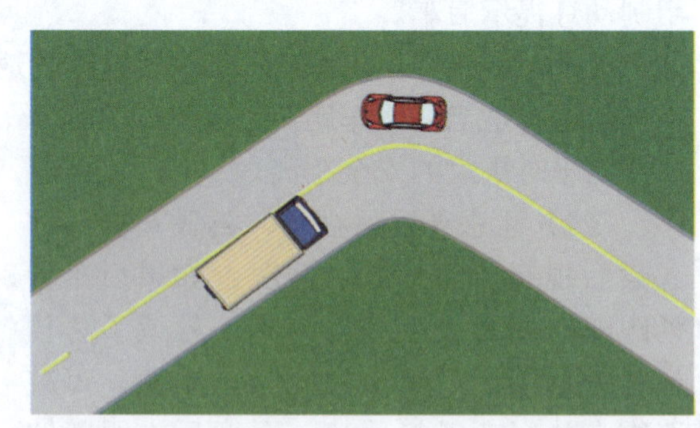

（3）选择合适的会车地点。尽量选择车少、人稀或者交通流量小，以及路面宽阔的地点会车。会车前选择的交会位置不理想时，及时减速，低速会车或停车让行，不得向左占道或开启前照灯让对方减速让行。

（4）弯道会车时，以道路中心线为界，没有划中心线的，以目标的几何中心线为界，保持一定的横向间距，紧靠道路右侧低速行驶。

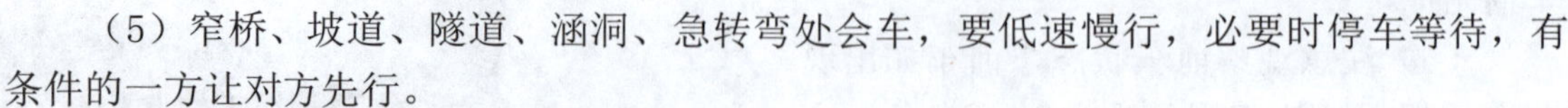

（5）窄桥、坡道、隧道、涵洞、急转弯处会车，要低速慢行，必要时停车等待，有条件的一方让对方先行。

3. 超车

超车是为了更加有效地利用道路资源，提高行驶速度，但是不规范超车、右侧超车、占用对向车道超车、强行超车、超越正在超车的车辆等操作都存在很大的危险。超车的次数越多，危险性越大。

超车防御性驾驶

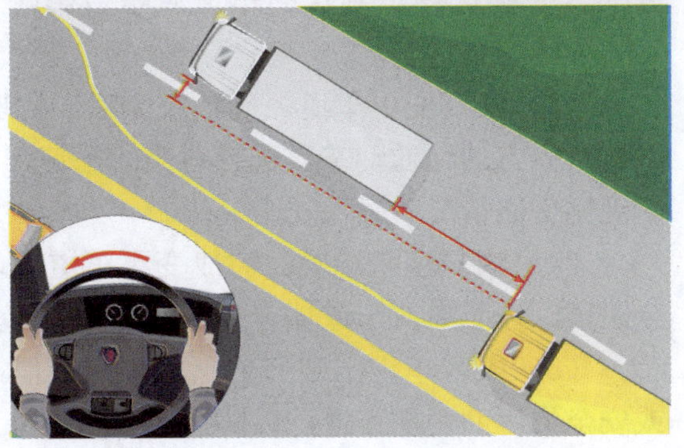

（1）确定具备超车条件。超车前，注意观察前方的交通情况、道路条件和交通标志标线，通过内、外后视镜观察后方、左侧及超车道上的交通情况；应特别注意观察被超车前方的交通情况；无分隔的道路上借道超越前方大型车辆时，要注意观察对向车道的交通状况。确认具备超车条件时，从前车左侧超越。

（2）选择合适的超车地点。客货车辆质量较大，加速时间较长、速度提高慢，超车时与其他车辆并行时间长，因此要选择视野开阔、路面状况好的路段超车。

（3）提前警示，果断、安全超车。超车过程中注意与被超越车辆保持足够的横向安全距离，注意盲区内安全状况。

（4）超越停靠车辆时，要提前减速，注意观察车辆，谨防停靠车辆突然打开车门、突然起步，或者车前有行人穿行。

（5）夜间超车时不要一直用远光灯，在距离被超车辆200m左右时切换成近光灯，便于前车驾驶员更清楚地看清您的车辆，更好地判断两车之间的距离。

（6）客车超车前变更车道或超车后返回原来车道时，要转向平稳，防止乘客晕车。

（7）客车超越货车时，与被超车辆的横向间距要适当加大，避免货物伤及车体和车内乘客。

（8）货车满载时，速度提高慢，超车时要谨慎，避免长时间占用超车道。

（9）如果前方车辆是一个运输车队，要停止超车，避免超越一辆车后无法返回原车道。

（10）货车超车时，要平稳变更车道，防止变更车道时货物甩落和车辆倾翻。

（11）超车后，要与被超车拉开安全距离，然后打开右转向灯，驶回原车道行驶。

4. 变更车道

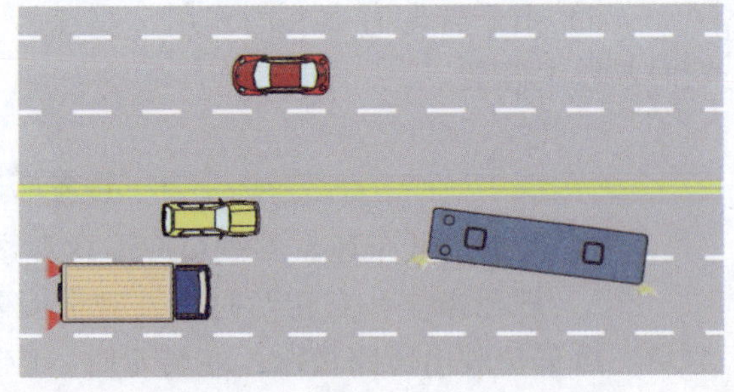

行车中需要变更车道的情况很多，例如超车、让车、进出站、绕过路障或施工路段、驶入不同限速路段、靠路边停车等。变更车道可以分为紧急变更车道和正常变更车道。

变更车道时驾驶员不观察车辆两侧及后方道路交通情况、未按规定使用转向灯、为躲避障碍突然变更车道、随意频繁变更车道、强行变更车道以及目的车道驾驶员的不友好驾驶行为，都会使变更车道存在较高的事故风险。

变更车道防御性驾驶

（1）变更车道前注意观察交通情况。变更车道前，驾驶员应提前开启转向灯，观察车辆所在车道及目的车道上的交通情况，通过外后视镜和内后视镜观察车辆两侧及后方的情况，同时要左右扭头，扩大视野范围。

（2）确认安全。驾驶员应确认目的车道上车辆之间的间距是否允许自己安全地驶入，并确认变更到目的车道后是否影响其他车辆的正常行驶。

（3）安全变更车道。确认安全后，驾驶员应开启转向灯3 s以上，同时再次观察左右两侧及后方的交通动态，选择适当的车速，缓打转向盘变更车道；变更车道过程中仍需不断观察交通情况，确保安全。

（4）恢复正常行驶。完成变更车道后，驾驶员应及时关闭转向灯，保持与前车的安全距离，按照当前车道规定的车速行驶。

（5）大客车进出站变更车道时需请他人协助。大客车在进站或出站时，应有乘务员或安全员协助变更车道，以防候车乘员推挤而发生碾压事故或与其他车辆发生刮擦事故。

（6）避免紧急变更车道。突然紧急变更车道不仅给自身驾驶带来危险，还会给其他正常行驶的车辆带来不可预测的危险。如确实无法避免紧急变更车道，应尽量提前开启转向灯，以小角度渐进的方式变更车道。

（7）禁止连续、强行变更车道。连续变更车道和强行变更车道都是违法行为，且大型客车变更车道所需空间大，每次变更车道都会增加车辆发生碰撞的概率。

5. 转弯

客车、货车转弯时的危险因素包括：

（1）转弯时驾驶员视线受阻；

（2）无法观察后视镜盲区内状况；

（3）内外轮差大，风险增大；

（4）车体庞大，占用空间大；

（5）由于转弯时离心力作用，高速转弯时易发生倾翻。

转弯防御性驾驶

（1）提前降低车速。驾驶员应注意观察弯道限速标志，根据规定提前降低车速。

（2）规范操作。右转弯时，驾驶员应降低车速紧靠道路中心行驶，转向不宜过早，避免右后车轮驶出道路边缘；左转弯时，应适当降低车速靠近道路右侧行驶，防止右前轮驶出路外。转弯时，脚要放在制动踏板上，以备制动减速。完成转弯后，驾驶员应根据车速及弯道的情况，掌握回转转向盘的时机和回转角度，不可过早或过晚转回转向盘，不可过急。

（3）注意转弯半径。客货车车身较长，前后轮的转弯半径不同，驾驶员应预留后轮与转弯路段内侧的距离，避免因后轮的转弯半径不足而发生刮擦事故。驾驶客货车在交叉路口右转弯时，应特别注意右后方的车辆和行人，防止其违法从右侧超越或穿行，从而导致事故。

（4）全方位观察。转弯时，驾驶员可通过内、外后视镜判断周围的交通情况，但仍有后视镜无法观察到的盲区，因此，驾驶员应全方位观察，特别注意盲区内是否有不安全情况出现。

6. 倒车

倒车一般应用于车辆掉头、停车入位、停靠货台等情况。倒车时，驾驶员视野盲区、操作方法、车辆行驶轨迹都与正常行驶时不同，存在很大的风险。倒车时，驾驶员易因未掌握好倒车角度和速度，疏忽盲区内情况而撞固定物、撞人。

倒车防御性驾驶

通用技巧：

（1）提前观察。倒车前，驾驶员应仔细观察倒车路线，必要时下车观察，注意障碍物、行人、来往车辆，选好倒车参照物，如建筑物、树木等。

（2）边观察边倒车。注意通过后视镜或转头实时观察周围的交通情况，确认倒车路线安全后，挂倒挡，缓抬离合器，使车辆缓慢起步倒车。

（3）控制车速、修正方向。倒车过程中，驾驶员要特别注意对车速的控制。将车速控制在5km/h以下。注意踩踏离合器踏板的力度，保持离合器的半联动状态，平稳控制车速；反复通过后视镜、后视窗观察倒车的轨迹，及时修正方向。

货车倒车：

（1）注意观察盲区内的人和物，注意避免碰撞货堆和其他作业车辆。

（2）在随车人员或场地工作人员的指引下倒车，避免驾驶员独自操作。

（3）半挂车和全挂车倒车时，驾驶员要正确操作，准确把握转向，避免出现车行方向跟计划方向相反的情形。

客车倒车：

在站内工作人员或乘务员的指引下倒车。倒车时，注意制止其他无关人员进入影响倒车的区域内。

7. 掉头

货车和客车在掉头时需要的空间较大，掉头过程中存在驾驶盲区、车辆内外轮差变化等风险，易引起刮擦、撞车等事故。

掉头防御性驾驶

（1）注意周围及盲区交通状况。驾驶盲区总是存在的。掉头时，盲区也是随之变化的，驾驶员注意力多集中在掉头车道上，而忽略周围及盲区内的交通情况，易发生事故。因此，掉头时，驾驶员应特别注意驾驶盲区内的情况。

（2）在没有禁止掉头（左转弯）标志、标线的地点或路口，驾驶员可以进行掉头。路口有明确标志牌，写有“左转绿灯亮时可以掉头”“红灯亮时可以掉头”等提示用语，驾驶员必须按照标志上规定的信号灯时间掉头。

（3）合理选择掉头时机。车辆在道路上掉头时，驾驶员应提前开启左转向灯，或伸出手臂做旋转示意，查明周围情况，等待交通情况允许后再开始掉头。

（4）控制掉头车速。掉头时车速应当控制在15km/h以下。

（5）客货车辆轴距较大，因此驾驶员要注意内外轮差可能带来的风险。

（二）典型道路条件下的危险源辨识与防御性驾驶

1. 山区道路

道路客货运输驾驶员在山区道路行车的危险因素有：

（1）连续上下坡。车辆连续下坡转弯，频繁制动，易导致制动失效；车辆上长坡，使发动机温度过高，或换挡不当，引起发动机熄火或溜车。

（2）路窄弯急。山体遮挡，无法全面观察来车情况；行车速度控制不合适，车辆驶出路外；超车、会车危险性大等。

（3）安全防护措施不完善。道路安全防护设施不完善，车辆易冲出道路。

（4）山体滑坡。阻挡道路或直接造成事故。

（5）云雾缭绕。秋冬季节或高海拔山路常有云雾，驾驶员视线受影响，无法观察路况。

山区道路防御性驾驶

（1）执行运输任务之前，进行线路踏勘或向有该路段行驶经验的驾驶员咨询，了解线路的主要长坡、坡度、弯道、适宜的行车速度及紧急避险车道的位置等。

（2）山区道路弯道多、坡度大，在出车前、行车中应特别注重对车辆转向、制动和轮胎的检查，出现制动毂过热、制动效能减退等异常情况应及时停车排除。

（3）根据车辆技术状况、装载情况、坡道长度、坡度、道路等级、天气情况选择合适的车速，避免制动过热。

（4）观察到危险、弯道路段标志，出现实线禁止标线，特别是外凸弯道，山体阻挡观察视线时，要提前鸣喇叭，靠右行驶，减速进入弯道。

（5）车辆在外侧车道行驶时，尽可能靠右行驶；车辆在内侧车道行驶时，尽可能靠左道路中心线行驶，增加视野范围，提前观察到对向来车，减速会车。

（6）上坡时，提前挂低速挡，避免在陡坡中间换挡，导致意外挂不上挡，发动机熄火。下坡时，提前降低车速并挂低速挡，禁止空挡滑行和熄火滑行。

（7）通过发动机挂低速挡，发动机排气制动、缓速器等辅助制动，保持较低车速；减少行车制动的使用，保证长下坡、紧急制动时行车制动有效可靠。

（8）在跟行小轿车或者后方有其他大型、重型客货车辆时，保持10 s安全的间距。

（9）尽量避免在山区道路超车。必须超车时，要选择路面较为开阔、平坦的直线路段，防止横向间距不足，发生刮擦、碰撞事故。

（10）提前了解灾害预警，行车中注意观察有无泥石流、山体滑坡预兆。

（11）在山区公路执行运输任务前，应保证充分休息，避免疲劳驾驶。

（12）注意观察是否有行人占道行走或牲畜横穿道路，做好减速准备，不鸣喇叭，避免因牲畜受惊吓而发生意外。

2. 桥梁

道路客货运输驾驶员在桥梁行车时的危险因素有：

（1）立交桥方向多、出口多、车流量大。驾驶员易迷失方向、选择错误道路、错过出口。

（2）路宽限制。车流量大或路面情况不良（如湿滑、结冰等）时，车辆易驶出桥面，坠落桥下等。

（3）限制轴重。重载大型车辆的载重超过限制时，可能会使桥梁垮塌。

（4）横风影响。较大的横风会影响车辆的正常行驶轨迹。

（5）雨天桥涵下部积水。雨天，桥涵下部容易积水，如果不探明积水深度就贸然前行，车辆极易熄火、被淹，甚至威胁车上人员生命财产安全。

（6）拱桥坡度影响驾驶。车辆上下坡易发生侧滑；上坡时，不了解对面车辆和道路情况，易发生危险。

（1）通过窄桥时，行驶速度必须控制在30 km/h以下，桥上交通情况复杂时，行驶速度还应减慢。

（2）通过立交桥时，驾驶员要随时观察指路标志，选择在对应的车道内行驶，以免错过出口。需要在立交桥上临时停车时，应拉紧驻车制动器，防止车辆后溜。

（3）通过拱桥上坡时，往往看不清对方来车和道路情况，驾驶员应减速鸣喇叭，随时注意来车情况，做好制动准备，切勿冒险高速冲坡；雨天、雪天在拱桥上行车，地面湿滑，驾驶员应特别注意。

（4）通过吊桥、浮桥、便桥时，如无管理人员指挥，应下车查看，确认没有问题后，再行通过。必要时可让乘客下车步行过桥。不可在桥上停车。

（5）注意交通标志，严格按照规定车速通过桥梁；车辆重量超过桥梁标明的载重、轴重时一定要绕道行驶，或经市政管理部门和公路部门的同意，按交警部门指定的时间通过，以免造成桥梁垮塌。

（6）在桥梁上行车，车流量较大，没有超车条件时，严禁超车。

（7）看到横风标志应提前减速，并且与并行的车辆保持足够的横向间距。如遇横风应紧握转向盘并慢慢修正行驶方向，不可猛转转向盘和紧急制动。

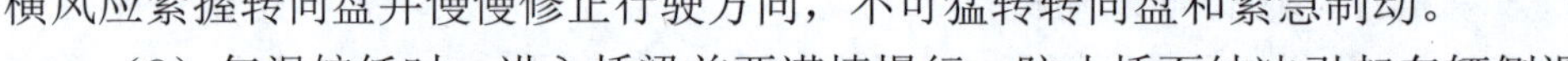

（8）气温较低时，进入桥梁前要谨慎慢行，防止桥面结冰引起车辆侧滑。

3. 隧道

道路客货运输驾驶员在隧道行车时的危险因素有：

（1）隧道较窄、限制高度。驾驶员强行超车，易引发撞车事故；超高货车易碰撞出入口。

（2）隧道出入口明暗变化。驾驶员容易出现短暂“失明”，无法观察道路信息，引发危险。

（3）路面湿滑。一些装有淋水装置的车辆通过隧道时，洒落的水和路面油污混合会造成道路滑湿，对安全行车造成威胁；冬季隧道口易结冰，车辆容易失控，发生侧滑。

（4）出口横风。隧道出口横风会影响驾驶员对车辆的操控。

事故警示

2005年5月1日15时30分许，一辆旅游大客车行至黔江香山隧道，在借道超越一辆摩托车时，与迎面驶来的一辆小客车发生碰撞，造成3人死亡。隧道内光线暗淡，驾驶员在隧道内行驶时，易因暗适应现象无法清楚地观察前车、对向车动态，如果违法超车、倒车、掉头和停车极易导致碰撞事故。

隧道防御性驾驶

（1）驶入隧道前，驾驶员应提前减速，按照入口处交通标志标明的车速驶入隧道。同时注意隧道限制高度，避免车辆超过限高引发事故。

（2）为了防止暗适应带来危害，驾驶员要在驶入隧道前约100m处，提前开启前照灯；在照明条件不好的长隧道内，还应开启示廓灯、后位灯；驶出隧道前，驾驶员应减速慢行，以防明适应对安全行车造成影响。

（3）隧道内行驶，应该适当增大跟车距离，不得频繁变更车道。

（4）隧道内禁止倒车、超车和停车。遇特殊情况需要临时停车时，应尽快将车辆移出隧道。无法移出隧道时，应设法将车辆移到专门的避险区，做好相应安全措施。客车还应在停车后尽快安全疏散乘客。

（5）遇隧道内因发生交通事故或施工临时管制时，驾驶员要选择绿色箭头信号灯亮的车道行驶，遵守交通警察和疏导员的指挥。

（6）驶出隧道前，通过车速表确认行车速度；到达出口时，握稳转向盘，以防出口横向风引起车辆偏离行驶路线。

4. 铁路道口

道路客货运输驾驶员通过铁路道口时的危险因素有：

（1）路面不平整，易使车辆颠簸及摇晃。

（2）行人、机动车、非机动车混行。尤其是在无人看守的铁路道口，存在更大的行车风险。

（3）驾驶员易存在侥幸心理，盲目抢越铁路线，与火车抢行，极易发生车毁人亡的事故。

铁路道口防御性驾驶

（1）驶近铁路道口时，驾驶员应降挡减速，观察交通情况。铁路道口有人看守时，服从道口管理人员指挥；铁路道口无人看守时，做到“一停、二看、三通过”。

（2）通过铁路道口时，应使用低速挡，中途不得换挡。在无人看守的铁路道口，确定无列车通过后，应安全迅速地通过。

（3）行经铁路道口遇前方堵车时，应在道口外耐心等待，顺序通过。

（4）客车驾驶员应提醒乘客扶好坐好，避免车辆颠簸使乘客摔倒受伤；货车驾驶员应注意防止货物掉落。

5. 城乡接合部

道路客货运输驾驶员在城乡接合部行车的危险因素有：

（1）各种交通工具汇聚，人车混杂。三轮车、畜力车、自行车、行人较多，驾驶员无力全面观察，易发生碰撞、刮擦事故。

（2）交通安全设施不完善，交通信号、标志标线缺乏或毁损。

（3）临时市场占道经营，买卖双方不注意来往车辆。

（4）交通参与者的安全意识差，不懂交通规则，或没有遵守交通规则的习惯，给安全行车带来威胁。

城乡接合部防御性驾驶

（1）城乡接合部路段过往的车辆和行人比较多，通过时要提前减速。

（2）驾驶员应时刻关注其他交通参与者、牲畜的动向，做好避让准备。

（3）城乡接合部的道路交通设施比较落后，有些地方十字路口没有交通信号灯，交通警力也比较薄弱，驾驶员应尽量礼让行驶，保证交通的畅通和安全。

6. 乡村道路

道路客货运输驾驶员在乡村道路行车的危险因素有：

（1）道路等级低，养护条件差，道路容易扬起尘沙，影响驾驶员视线；雨天容易出现泥泞、坑洼、路基松软等情况，不利于行车安全。

（2）占道晒粮、占道摆摊、占道放牧等现象较为普遍，影响安全行车。

（3）道路交通参与者安全意识较差，交通安全知识较为欠缺，村民行走、农用车及机动车行驶轨迹随意，威胁行车安全。

乡村道路防御性驾驶

（1）要注意观察道路上的各种动态，随时准备应对突发的紧急情况。

（2）在容易扬起尘沙的路段，保持低速行驶，必要时开启车灯和鸣喇叭示意。

（3）遇到行人、人力车、畜力车、农用车和摩托车等不按规定通行时，要调整好心态，保持低速慢行，主动让行或者耐心停车等待，尽量避免发生交通事故。

（4）对面有来车或者晒粮人留出的路面不足时，可骑轧粮食保持低速通过。一侧车轮碾压粮食行驶时，要握稳转向盘，避免制动过急，以防发生侧滑。另外，注意晒粮人为了保护粮食设置的障碍物，通过时要避让绕行。

（5）大型货车转弯或雨后行车，尽量靠道路中间行驶，避免碾压松软路基造成塌陷。

（6）夜间行驶，开启远光灯，注意判断前方路况，保持合适的行驶车速。

（7）遇到畜力车或大群牛羊占道或在路边行走时，保持一定距离或停车让行，不要采取长鸣喇叭、加速等措施，以免使动物受到惊吓。

（三）恶劣气象条件下的危险源辨识与防御性驾驶

1. 雨天

道路客货运输驾驶员雨天行车时的危险因素有：

（1）光线昏暗，能见度低。驾驶员视线受影响，无法清晰观察路况。

（2）常伴有雷电、大风。雷电劈倒或大风刮倒路边树木，形成路障或砸中过往车辆。

（3）路面湿滑、泥泞。降雨使得道路塌陷或变得松软，车辆容易陷入其中；车辆发生侧滑；车辆制动距离延长。

（4）水网地区路面积水反光。远处驶来的车辆会误以为是正常道路，容易高速驶入，易发生侧滑。

雨天防御性驾驶

（1）雨天应低速行驶，防止车辆发生“水滑”。一旦出现“水滑”现象，要握稳转向盘，控制好行车方向，同时迅速松抬加速踏板，随着车速的降低，“水滑”现象会得到缓解。注意避免使用紧急制动。

（2）雨天跟车时，要保持干燥路面的1.5倍以上的跟车距离。

（3）需要转弯时，缓踩制动，避免急加速、急减速，禁止紧急制动，以防车辆侧滑。

（4）雨天出车前对刮水器胶条、轮胎及照明、制动、转向系统等进行安全检查。在行车中，缓踩制动，检查制动效能；缓打转向盘，检查转向性能。

（5）雨天行车，要注意路基是否有疏松和坍塌的情况，尽量选择道路中间坚实的路面行驶。

（6）狂风暴雨天气，刮水器的刮水效果往往会大大降低，此时，最好选择安全的地点停车，开启危险报警闪光灯，待雨势变小后再继续行驶。

（7）通过积水道路时，要注意探测水的深度，避免贸然前行造成危险。涉水行驶后应反复轻踩制动踏板，蒸干制动器和摩擦片上的水分，恢复车辆的制动效能。

（8）雨天道路上的行人、骑车人往往行走较快，或者被雨伞、雨衣遮盖视线，对路况的观察不够，驾驶员应特别关注交通情况，避免碰撞行人。

2. 雪天（含冰雪路面）

道路客货运输驾驶员在雪天行车的危险因素有：

（1）视线不良。驾驶员视线被影响，无法清晰观察路况。

（2）路面被积雪覆盖或有融雪。车辆启动时，车轮打滑，启动困难；路面摩擦系数低，车辆制动距离延长，车辆行驶过程中易发生侧滑；车辆在平坦、两侧无建筑和树木的积雪道路行驶，辨识不出分道线、路侧边缘等。

（3）冰雪对阳光的反射率极高。大雪后，雪地反射日光，刺激眼睛，导致雪盲症，影响正常观察。

事故警示

某日9时10分许，一辆大型客车（核载47人，实载30人）以70 km/h的速度行驶至山西省大同市绕城高速公路一冰雪覆盖的下坡转弯处时发生侧滑，与路边旅游标志立柱相撞后侧翻，致11人死亡、19人受伤。

冰雪覆盖的转弯下坡路段是事故高发路段，驾驶员行经此类路段时一定要把车速降到30 km/h以下，以防侧滑。

雪天防御性驾驶

（1）车辆在冰雪路面行车时应提前减速，避免紧急制动，也不能猛踩或急抬加速踏板，防止车辆侧滑。

（2）根据地形和路旁树木、标志等正确判断路线，握稳转向盘，沿路中心或前车车辙慢慢行进，积雪覆盖道路轮廓难以辨别时，根据道路两旁的树木、电线杆等参照物判断行驶路线。

（3）在冰雪路面通行存在困难或较大风险时，应尽量绕开此路段或安装防滑链通过；如果车辆经常行驶在冰雪路面或冰雪路较长时，也应为车辆安装好防滑链。

（4）在结冰的坡道、桥上要谨慎行驶，下坡要使用低速挡，利用发动机制动，切忌空挡滑行，上坡要保持均匀车速。遇前车正在爬坡时，要在坡底选择适当地点停车，等前车通过后再爬坡，避免在坡道上停车。

（5）在冰雪路面应避免频繁并线，尽量不要超车；必须超车时，应保持较大的横向间距；会车时应在保障自身安全的情况下尽量照顾对向车辆。

（6）冰雪路面摩擦系数小，制动距离长，跟车距离应适当增大，市区内行车还要留有足够的横向距离，以防行人、骑车人滑倒或突然横穿时造成危险后果。

（7）保护眼睛，预防雪盲症。

3. 雾天

道路客货运输驾驶员在雾天行车的危险因素有：

（1）能见度低，视野模糊。驾驶员看不清楚路况，无法把握周围的情况，跟车行驶不易准确判断距离，驾驶员对车速和跟车距离的判断容易出现偏差，极易发生追尾、连环追尾、坠车、撞车等事故。

（2）部分驾驶员错误使用灯光。浓雾天气有个别驾驶员经常使用远光灯、盲目开启后雾灯、不开启危险报警闪光灯等行为，给交通安全带来威胁。

（3）团雾危害。团雾时有时无、忽浓忽淡，驾驶员不便于控制行驶速度，注意力长时间高度集中、行驶速度忽快忽慢，极易使驾驶员精神疲劳。

雾天防御性驾驶

（1）注意灯光的正确使用。雾天行车，要开启雾灯、近光灯、示廓灯、前后位灯、危险报警闪光灯。能见度低于200m时，开启前雾灯；能见度低于50m时，开启后雾灯。

温馨提示

（1）后雾灯光线极强，后面来车的跟车距离很近时，及时关闭后雾灯。

（2）不要开启远光灯，远光灯的光线会在雾气中折射，在驾驶员眼前形成白茫茫一片，影响驾驶员的视线。

（2）随时注意行人与其他车辆的动态，多鸣喇叭以引起其他车辆和行人注意；当听到、看到其他车辆发出的信号（灯光及声音信号）时，在明白其行驶意图后应立即予以回应，并明示自己的位置和行驶意图。

（3）雾天要提高警惕，保持慢速和合适间距，避免高速驶入浓雾路段。团雾天气行车时，更要保持慢速和合适的安全间距。

（4）能见度太低时，须在安全地带停车等候大雾散去。

高速公路雾天不同能见度下的最高车速与安全间距

能见度	最高车速	安全间距
大于100m，小于200m	60km/h	100m以上
大于50m，小于100m	40km/h	50m以上
50m以内	20km/h以下	从最近的出口尽快驶出高速公路
10m左右	5km/h以下	

4. 风沙天气

风沙天气多见于我国北方地区，狂风大作的时候，往往是黄沙漫天、浮尘蔽日。风沙天气行车的危险因素包括：

（1）视线不良。风沙天气扬尘蔽日，能见度较低，驾驶员视线受阻，难以观察前方道路交通情况。

（2）路面覆盖沙土。路面被流沙覆盖时，车辆制动距离延长，并且有侧滑的危险。

（3）强烈风力干扰正常行车。在大风沙尘天气，尤其是在高速公路、高架桥、山口、隧道出口等路段，驾驶员会感到车辆行驶方向跑偏、车身摆动，手中的转向盘有被“夺”的感觉，有侧翻、侧滑，甚至坠车的风险。

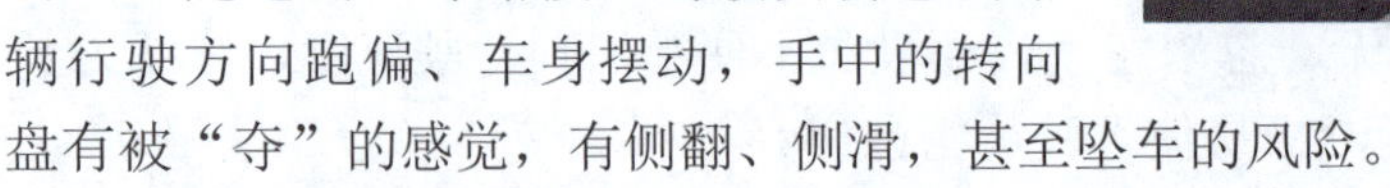

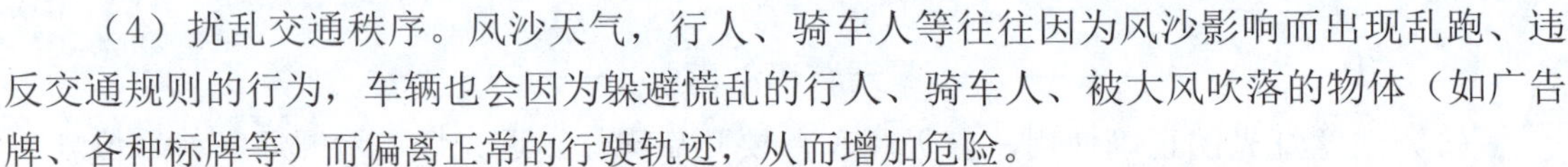

（4）扰乱交通秩序。风沙天气，行人、骑车人等往往因为风沙影响而出现乱跑、违反交通规则的行为，车辆也会因为躲避慌乱的行人、骑车人、被大风吹落的物体（如广告牌、各种标牌等）而偏离正常的行驶轨迹，从而增加危险。

大风沙尘天气防御性驾驶

（1）沙尘天气光线暗淡影响观察时，应开启近光灯、示廓灯、后位灯，必要时开启危险报警闪光灯。同时，能见度在100～200m时，时速应控制在40km以内，夜间时速应控制在30km以内，满载大客车和重载大货车更应降低车速。

（2）在城市道路遭遇大风沙尘天气时，驾驶员要提高警惕，注意观察，谨慎避让，随时做好制动停车的准备。在路口、混合交通路段更要提防行人、骑车人突然闯入行车道。

（3）在大风沙尘天气里行车，应尽量减少超车次数或不超车。

（4）车辆行驶中遇到横风干扰时，驾驶员要握稳转向盘，保持方向，并缓慢降低车速，减小横风的影响。

（5）大风天气在山区公路行驶时，应警惕山体滑坡和落石风险。通过有流沙覆盖的路段时，要降低车速，保持足够的安全距离。

（6）大风沙尘天气，天空往往呈黄灰色，光线较暗，能见度较差，驾驶员应避免戴有色眼镜。

（7）行车中遇到大风沙尘天气，应尽快关闭车窗，防止尘土吹入眼睛。

（8）在货物装载完毕后，要认真检查苫盖、捆扎情况。运输途中遇到大风，应把车辆停在避风的地方，并对货物的苫盖与捆扎进行检查和加固。

5. 高温炎热天气

高温天气以夏季为主。一般来说，日最高气温超过35℃为高温天气。高温天气行车的危险因素有：

（1）高温天气导致驾驶员生理和心理不良。驾驶员易疲惫、困倦、烦躁，车上人员易发生中暑昏厥现象。

（2）发动机温度上升或冷却液沸腾，胎温、胎压升高。轮胎在高温环境和高速运转摩擦的双重作用下，温度升高，容易造成帘布层脱落，从而引发爆胎事故。

（3）车辆自燃。电路、油路等出现线路软化、短路、漏油等情况，容易引起车辆自燃。

（4）其他。清晨和傍晚外出散步、纳凉的人，也会给安全行车带来风险。

高温炎热天气防御性驾驶

（1）发现车辆技术状况存在问题时，应及时送修，坚决杜绝开病车上路。

（2）驾驶员应充分休息，保证良好的身体、精神状况，准备充足的饮用水。当感到视线逐渐变得模糊、反应迟钝时，应及时停车休息。

（3）将打火机、车载香水、碳酸饮料、纸张等物品放在仪表盘、风窗玻璃和发动机等表面温度较高的部位之外，并防止阳光暴晒，以防物品爆燃引发车辆燃烧。

（4）关注胎温、胎压。发现胎温、胎压过高时，在阴凉处停车，使胎温自然恢复正常，不可用放气或浇水的方法进行降温。

（5）将发动机冷却液温度控制在95℃以下。发现冷却液沸腾，严重缺水时，要立即停车怠速运转一段时间，不可马上添加冷却液，待温度适当降低后再熄火添加，以防活塞粘缸、发动机炸裂变形或烫伤。

（6）注意道路或桥两侧的人群，清晨

和傍晚密切关注外出散步和纳凉的行人，随时做好停车准备。

（四）高速公路危险源辨识与防御性驾驶

道路客货运输驾驶员在高速公路行车的危险因素有：

高速公路相对封闭、控制出入、单向行驶、无平面交叉、路况好、车速高、车流量大；车辆速度高，制动停车距离长，易发生连环撞车事故；车辆在高速公路上长时间高速行驶，驾驶员极易疲劳，车辆性能也易发生变化；长时间在高速公路上驾驶，驾驶员对速度的感知能力下降，易超速行驶；客货车辆重心较高，速度快，遇突发情况极易侧滑、侧翻；平直路面在阳光照射下易产生“水面”效应，对安全行车产生干扰。

高速公路防御性驾驶

1. 安全驶入高速公路

匝道行驶：

禁止在匝道上超车

（1）匝道一般呈曲线状，驶入匝道后，驾驶员应严格按限速要求行车。

（2）匝道上不允许有超车、停车、掉头、倒车等驾驶行为，一旦进入匝道，即使发现方向错误也不能再退回。

（3）有弯道和坡道的匝道一般都要限制速度，应注意交通标志，按规定的速度行驶。

加速车道行驶：

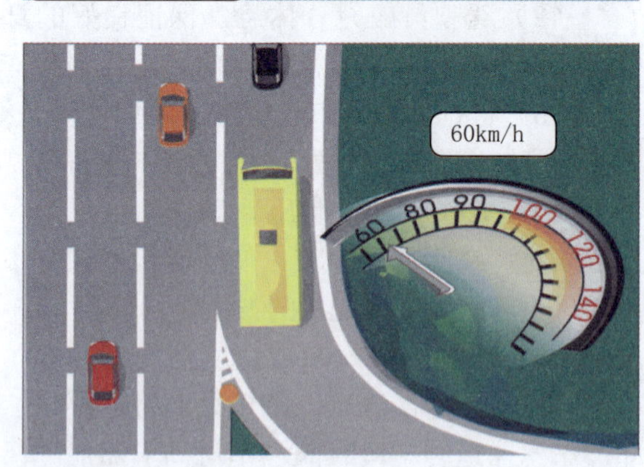

（1）驶入加速车道后要打开左转向灯，提示其他驾驶员有车辆准备从加速车道驶入行车道。

（2）在加速车道上提速，应尽快将车速提至60km/h以上。

（3）在加速的同时，要注意保持与前车的安全车距。

驶入行车道：

（1）注意利用后视镜观察行车道上的交通情况，把握驶入高速公路的时机。

（2）在驶入高速公路时，不能妨碍或危及高速公路上其他车辆的行驶安全，避免影响他人正常行驶。

（3）在高速公路上行驶要注意与前车保持安全距离，车速要与行车道上的车流速度相适应。

温馨提示

驶入高速公路前应做的工作

车辆在高速公路行驶时，由于车速较快，一旦发生故障，极易引发严重的交通事故。比如：高速行驶中前轮突然爆胎，会因转向失控而撞到防护栏。由于故障“突然”，又无法及时驶入紧急停车带，可能会导致后面来车连续相撞。因此，驾驶员在驶入高速公路前认真做好检查工作是十分必要的。驾驶员要对驾驶室内、发动机舱及车辆外观进行全面检查：

（1）制动、转向、传动、灯光信号装置是否齐全，功能是否有效。

（2）轮胎气压是否正常，轮胎表面是否有裂纹、损坏。

（3）散热器是否有充足的冷却液，风扇皮带张紧力是否标准，有无破损情况。

（4）燃油、润滑油、制动液是否充足。

（5）检查随车工具、三角警告标志、灭火器等。

（6）熟知高速公路行驶的相关法律、法规，牢记高速公路安全行车方法。

（7）进入高速公路前，驾驶员应根据目的地来确定行车路线，事先了解沿途服务设施分布及出入口，制定合理的行车计划。

（8）保持体力充沛，行车前不能服用违禁药物。

2. 速度的控制

（1）车辆驶入行车道后，应该严格遵守行车道最高时速和最低时速的规定，在天气及交通状况良好的情况下，无论是正常行驶，还是超车、让超车，都不能超过规定的速度范围。

（2）遇到雨、雪、雾、大风等恶劣天气，驾驶员应以安全为重，减速慢行。

（3）车辆在高速公路正常行驶时，最低时速不得低于60km。小型载客汽车最高车速不得超过120km/h，其他机动车不得超过100km/h。

（4）在高速公路上超车时不能超过最高时速，让车时不能低于最低时速，因为速度过高、过低都容易发生危险。

（5）在高速公路上行驶时，要按限速标志的要求行驶。当限速标志标明的车速与规定车道行驶速度不一致时，按照限速标志标明的车速行驶。

（6）在弯道和坡道行驶时，要注意控制车速，不易过快，否则容易发生冲撞防护栏或中央隔离带、追尾相撞等事故。

3. 分道行驶

（1）车辆在高速公路上行驶，必须严格遵守分道行驶、各行其道的原则。不得随意穿行越线，不准骑、轧分界线行驶。

（2）同方向为2条车道的，左侧车道最低车速为100 km/h，右侧车道最低车速60 km/h。

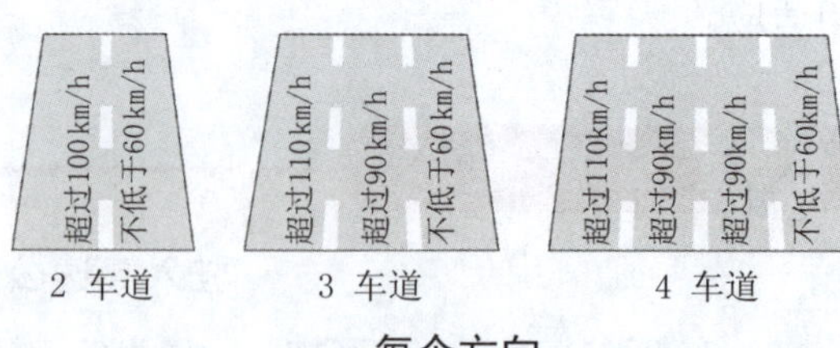

每个方向

（3）同方向有3条以上车道的，最左侧车道最低车速110 km/h，中间车道最低车速为90 km/h，右侧车道最低车速为60 km/h。

（4）除因为紧急停车驶入或者驶出紧急停车带和路肩外，不准在紧急停车带和路肩上行车。

4. 保持安全车距

（1）在高速公路正常行驶时，同一车道前后两车必须保持足够的行车距离，后车应利用高速公路上的车距确认标志，经常检验并调整与前车的安全间距。

（2）正常情况下，当车速为100 km/h时，两车间的距离（纵向车间距）为100 m以上；车速为70 km/h时，前后两车间距为70 m以上；遇恶劣天气或者路面结冰时，应当减速行驶，安全间距应适当加大。

（3）正常情况下超车，车速为100 km/h时，横向车间距为1.5 m以上；车速为70 km/h时，横向车间距为1.2 m以上。遇恶劣天气或者路面结冰时，应减速并加大横向车间距。

5. 保持注意力

（1）在高速公路上遇到类似“事故多发地段，请谨慎驾驶”“追尾危险，保持车距”等标语时，驾驶员要提高警惕，任何警示标语都不是随便设置的，背后都是血淋淋的教训和残酷的事实。

（2）高速公路入口加速车道、出口减速车道、收费站、服务区、施工道路等路段车流速度变化大，异常情况频发，驾驶员应提前防范这些风险。

（3）驾驶员感到疲劳时，应到最近的服务区休息一段时间再继续行驶。

（4）在村庄、野生动物保护区、牧场等附近路段行驶时，要注意观察，防范有行人或动物横穿高速公路。

（5）提前留意“避险车道”标志牌内容，了解高速公路避险车道的作用并会利用。

（五）夜间行车危险源辨识与防御性驾驶

道路客货运输驾驶员夜间行车的危险因素有：

（1）行驶环境黑暗，视觉受限。在照明条件不好的路段，驾驶员视觉受限，只能观察到前照灯照射范围内的交通情况，极易出现突发情况，导致事故发生。驾驶客车夜间行驶时，灯光随车晃动，很难像白天一样快速辨识危险，很多危险情况不能及时发现。

（2）驾驶员易瞌睡和疲劳。夜间行车时，驾驶员极易瞌睡和疲劳，易引发危险。

（3）错误使用灯光。夜间会车、跟车时，其他驾驶员错误使用远光灯，会造成客货车驾驶员眩目，容易引发危险。

夜间防御性驾驶

（1）夜间行车，最容易疲劳，驾驶员白天应按时休息，避免夜间疲劳驾驶，感觉疲劳时应停车休息一段时间。

（2）保持车辆照明系统工作正常，对于夜间行车安全非常重要。出车前，驾驶员应对车辆照明系统做全面的检查。

（3）夜间行驶时正确使用灯光。夜间会车遇对方坚持使用远光灯时，尽量避免直视对方远光灯的强烈灯光，必要时停车让行。

夜间远近光灯的正确使用

近光灯	通过照明条件较好的路段；交叉路口；路道路口；夜间会车、跟车；迎面驶来的车辆距离自己150 m以内时或自己距离前车150 m以内时 注：跟车时距离前车多远应该改用近光灯，国内的法律没有明确规定。根据美国的相关法律，距离前车300英尺（91.44 m）以内时，应该改用近光灯，这个数据可供参考
远光灯	通过照明条件较差的路段；迎面驶来的车辆距离自己150 m以外时
近、远光灯变换	超车示意；通过无信号控制的交叉路口；夜间会车时对向来车不关闭远光灯

（4）夜间遇有雾、雨、雪、沙尘、冰雹等低能见度情况时，应当开启前照灯、示廓灯和后位灯。夜间雾天行驶还应当开启雾灯和危险报警闪光灯。

（5）夜间行驶遇两车交会时要格外注意两车灯交汇处盲区，以防发生交通事故。

（6）夜间行车应尽量避免超车，必须超车时，要连续变换远、近光灯向前车示意，确认前车让速让路后方可超越。如发现前方出现紧急情况，严禁超车。

（7）夜间跟车行驶时，应保持足够的跟车距离。

（8）夜间行车时，车速应控制在制动时车辆能在前照灯的照射范围内停住，即制动距离在前照灯的照射范围内。

（六）交通标志、标线的识别

道路交通标志和标线是用图案、符号、文字传递交通管理信息，用以管制及引导交通的一种安全管理设施。注意并正确地识别道路标志标线，能够帮助驾驶员更早地发现前方道路的危险源，提前采取防御性驾驶措施，避免危险和事故的发生。

1. 道路交通标志

道路交通标志是以颜色、形状、字符、图形等向道路使用者传递信息，用于管理交通的设施。

（1）警告标志：警告车辆、行人注意道路交通的标志。警告标志通常为等边三角形、黄底、黑边、黑图案。“注意信号灯”标志的图形为红、黄、绿、黑四色。“叉形符号”“斜杠符号”为白底红图形。

（2）禁令标志：禁止或限制车辆、行人交通行为的标志。禁令标志通常为圆形，除个别标志外，为白底，红圈，红杠，黑图案，图形压杠。

（3）指示标志：指示车辆、行人行进的标志。指示标志通常为圆形、长方形或正方形，蓝底、白边、白图案。

（4）指路标志：传递道路方向、地点、距离信息的标志。指路标志的颜色，除特别说明外，一般道路指路标志为蓝底、白图案、白边框、蓝色衬边；高速公路和城市快速路指路标志为绿底、白图案、白边框、绿色衬边。指路标志的形状，除个别标志外，为长方形和正方形。

高速公路起点　终点提示　加油站　紧急电话　方向指示标志

（5）旅游区标志：提供旅游景点方向、距离的标志。旅游区标志为矩形，颜色为棕底、白字（图形）、白边框、棕色衬边。

旅游区距离　问讯处　野营地　高尔夫球　划船

（6）作业区标志：告知道路作业区通行的标志，设在道路施工、养护等路段前适当位置。用于作业区的标志为警告标志、禁令标志、指示标志及指路标志，其中警告标志为橙底黑图案，指路标志为在已有的指路标志上增加橙色绕行箭头或者为橙底黑图案。作业区标志一般有警告、禁令、指示、指路的作用，用于作业区的临时标志。

向左/右行驶　路栏　锥形交通标志

（7）告示及辅助标志：告示标志是告知路外设施、安全行驶信息以及其他信息的标志。用于提醒驾驶员在行驶过程中一些需要注意的情况或需要避免的驾驶行为，包括相关法律法规禁止的行为。告示标志一般为白底、黑字、黑图案、黑边框，版面中的图形标识如果需要可采用彩色图案。辅助标志是附设在主标志下，对其进行辅助说明的标志。

告示标志　辅助标志

2. 道路交通标线

道路交通标线是由施划或安装于道路上的各种线条、箭头、文字、图案及立面标记、实体标记、突起路标和轮廓标等所构成的交通设施，向道路使用者传递有关道路交通的规则、警告、指引等信息，可以与标志配合使用，也可以单独使用。

道路交通标线按功能可以分为三类：指示标线、禁止标线、警告标线。

（1）指示标线：指示车行道、行车方向、路面边缘、人行道、停车位、停靠站及减速丘等。

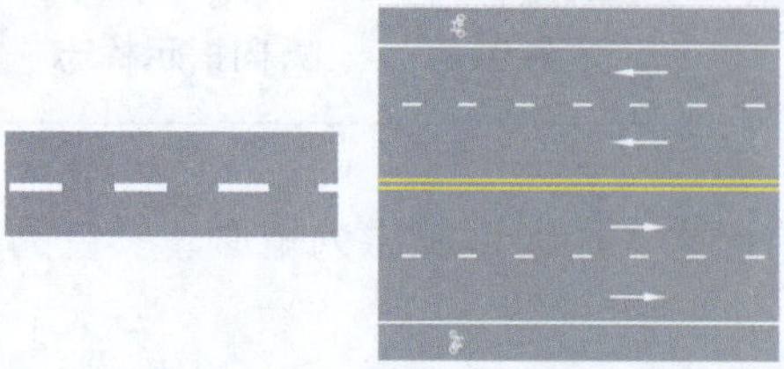

可跨越同向车道分界线 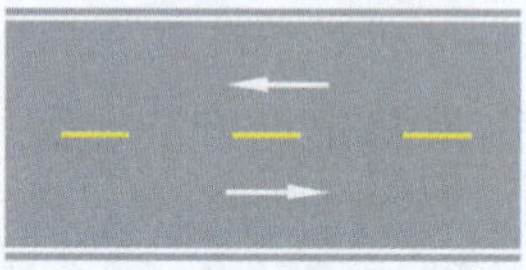　可跨越对向车道分界线 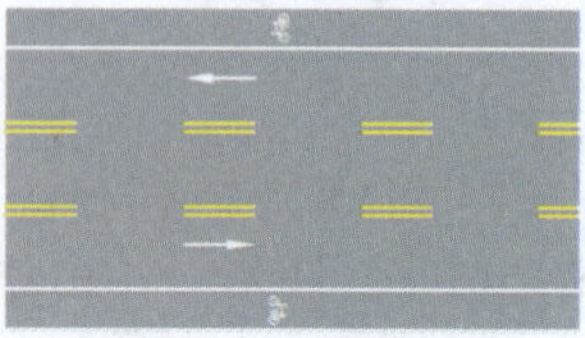　潮汐车道线

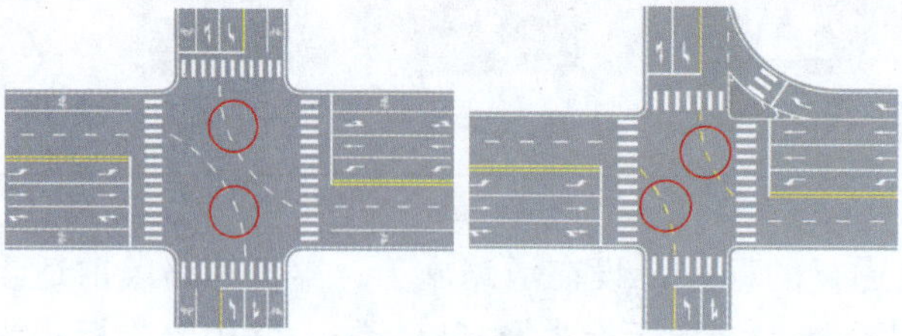

路口导向线 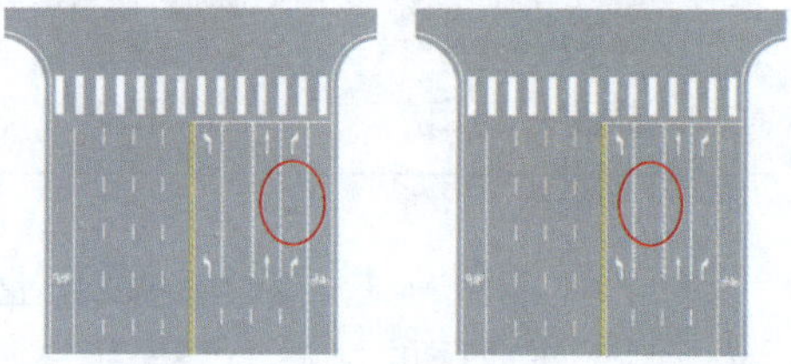　导向车道线

安全岛　安全岛

人行横道预告 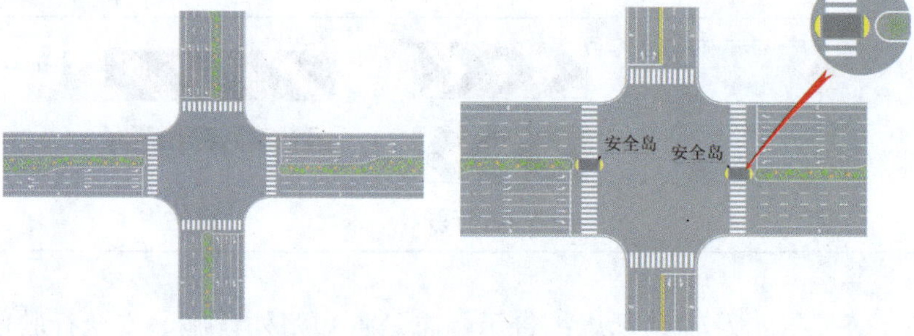　人行横道线和安全岛

（2）禁止标线：告示道路交通的遵行、禁止、限制等特殊规定的标线。

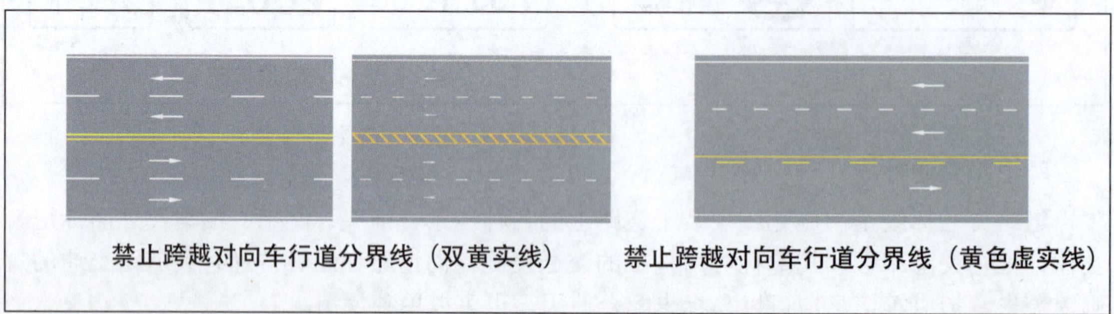

禁止跨越对向车行道分界线（双黄实线）　禁止跨越对向车行道分界线（黄色虚实线）

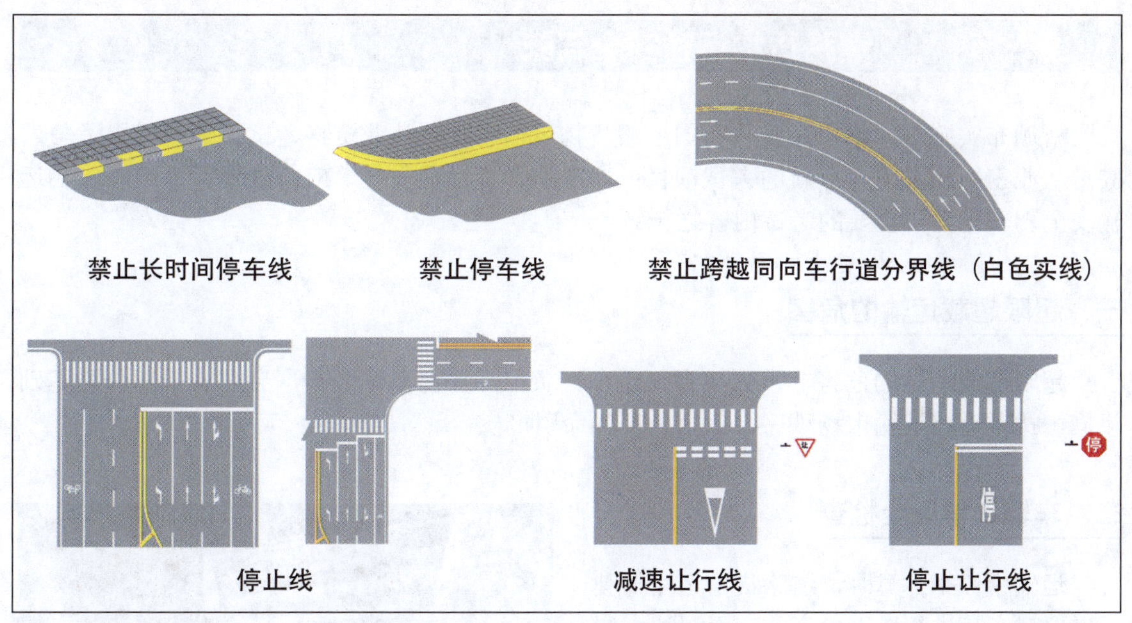

（3）警告标线：促使道路使用者了解道路上的特殊情况，提高警觉，准备应变防范措施的标线。

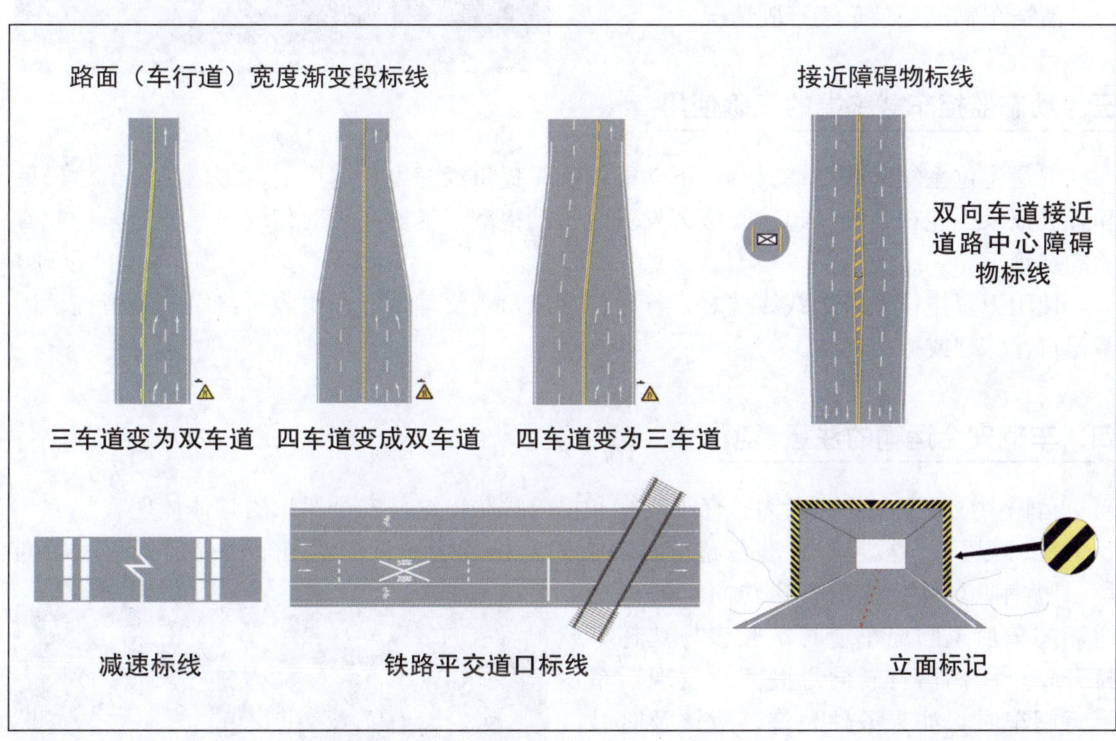

第三节 道路货物运输安全驾驶*

新颁布实施的《中华人民共和国道路货物运输驾驶员从业资格考试大纲》设置了与驾驶员从业密切相关的、全新的考试项目：“道路货物运输安全、应急处置。”道路货物运输安全驾驶是其中重要的考试内容之一。

一、超限超载运输的危害

超限超载运输的危害非常大，会加重车辆负担，加快车辆磨损，会严重损坏公路基础设施，扰乱道路运输市场秩序，危害人民生命财产安全。

二、车辆日常安全检查

运输中停车休息时，道路货物运输驾驶员需要对车辆进行以下检查：有无漏油、漏水、漏气现象；胎压是否正常，胎面有无异物；发动机、制动鼓有无过热现象。

收车后，道路货物运输驾驶员需要检查、清洁车辆，记录车辆行驶情况。

三、动态监控车载终端的正确使用

卫星定位系统车载终端具有以下功能：实时提供经纬度、速度定位等信息；信息采集和行驶记录；能在驾驶员超速、疲劳驾驶时自动提醒；能够实现对驾驶员（非运输企业）的动态管理。

使用卫星定位系统车载终端时，行车前后应检查终端，行车中收听终端的语音提示，不得自行修理或拆改终端。

四、车辆安全运输的注意事项

运输中应做到集中注意力、仔细观察和提前预防，这是安全意识的具体体现。

（1）超车与被超车：准备超车时，夜间变换远近光灯提示前车，提前开启左转向灯、鸣喇叭。做到提前开启转向灯后再变道。超车后返回原车道时，应该与被超车拉开安全距离后打转向灯驶回。发现后车示意超车时，如果条件允许，应该及时减速靠右让行。

（2）会车：缺乏安全会车条件时，决不要盲目会车，及时减速，必要时停车让行。夜间在无中央隔离、照明不良的路段

会车时，应离对向来车150m时改用近光灯，对向来车使用远光灯时不直视强光。

（3）倒车：倒车前下车检查，确认安全，倒车时保持较低车速，发现危险立即停车。

（4）掉头：提前开启左转向灯，严格控制车速，不得妨碍其他车辆正常行驶。

（5）遇行人横穿道路：减速慢行或停车让行。

（6）上下坡：上陡坡时，应根据路况选择合适挡位，不得猛踩加速踏板加速冲坡，更不要紧紧跟在前车后面爬坡。通过长下坡路段时，应通过使用缓速器，开启排气制动等措施正确控制车速。

五、罐式货车、汽车列车等重载货车的安全操作要求

运输中应与其他车辆保持安全距离，避免驾驶紧张，缓解驾驶疲劳，保证紧急情况时有足够的停车距离，预防前车突然紧急制动。确需借道超车时，应判断是否有足够的时间、空间完成超车，与被超车辆拉开安全距离后驶回原车道。

跟行大型货车时，应增大跟车距离，因为大型货车可能出现以下情况：载货较高，阻挡视野；货物超载时影响轮胎寿命，易爆胎；货物苫盖不牢时，掉落的货物会导致危险。

在路口右转时，应特别注意右侧的盲区及内轮差，千万不要以为只要前轮能够通过，后轮就能通过。

六、货物运输过程中的危险源辨识

跟车时，应预见前车随时可能转向、减速或紧急制动，提前采取措施以确保安全。变道结束后，应及时关闭转向灯，以免给其他车辆传递错误信号。会车时，应注意对向来车后方的行人、车辆，以防其突然横穿带来危险。掉头时，应尽量选择车流量少、道路较宽、能一次完成掉头的路段。

高速公路车速快、交通环境单一，驾驶员容易感到枯燥、松懈或困倦。通过山区道路时，应时刻关注车辆的制动效能，防止出现制动失效。通过铁路道口，发现栏杆刚开始下降时，应减速停车，不得加速通过。

七、货物运输过程中的防御性驾驶

防御性驾驶理念要求道路货物运输驾驶员规范操作，避免主动引发事故；宽容礼让，避免卷入被动性事故。具体防御性驾驶方法见下表。

常见场景与防御性驾驶方法

常见场景		防御性驾驶方法
典型道路	高速公路	驶入高速公路前，应了解天气情况、道路通行状况，提前熟悉行驶路线，并检查车辆安全状况
		以高于60 km/h的车速驶入行车道，避免引发追尾碰撞
		遇施工路段，应遵守限速规定，提前减速
		发现前方有遗撒物品时，不得急打方向避让
		超车时，不得超过最高限速；被超车时，应握稳转向盘，必要时轻踩制动减速
		发生故障需要临时停车时，开启危险报警闪光灯，按规定放置警告标志，拨打救援电话，在护栏外等待救援
	山区道路	提前了解山区气象条件，提前检查车辆制动、转向性能
		转弯、会车和下坡时降低车速
		遇塌方、泥石流时，应在确认安全后尽快通过
	乡村道路	遇扬尘时，低速慢行，必要时开启车灯、鸣喇叭示意
		应该警惕随意穿行的人或动物
		遇牲畜在路上行走，应减速跟行或停车
特殊路段	隧道	驶入隧道前，提前开启前照灯，注意限高、限速标志，选择绿灯亮的车道行驶
		跟车行驶时，应适当增加跟车距离
		出现故障必须临时停车时，应尽量停在隧道内专门的避险区
		驶离隧道时，严格遵守限速规定，双手握稳转向盘，警惕隧道口有人横穿
	桥梁	注意观察桥头的交通标志和提示
		观察路况，条件允许时安全通过
		避免在窄桥上会车、制动和停车
		通过险桥等危险地段时：发现对面来车时停车等待，避免在危险地段会车，必要时下车查明情况，确认安全后尽快通过，不能通过时报告后绕道
		在跨海大桥上遇到强烈横风时：双手握稳转向盘，合理控制车速，与并行车辆保持安全的横向距离

续表

常见场景		防御性驾驶方法
特殊路段	铁路道口	提前换入低挡，低速平稳通过
	城乡接合部	注意观察路边行人、非机动车动向
		遇路口时减速让行，必要时停车避让
特殊天气	雾天	开启近光灯、示廓灯、前后位灯、雾灯和危险报警闪光灯
		适时鸣喇叭，合理控制车速，增大跟车距离，能见度低于10m时在安全地点停车
	雪天	减速时，应轻踩制动踏板，同时控制车辆行驶方向
		前方路面大面积结冰，应寻找安全地点停车
		安装防滑链，沿车辙低速平稳行驶
	雨天	为避免“水滑”现象，应降低车速，行车出现“水滑”现象时，握稳转向盘，松抬加速踏板，避免紧急制动
		涉水行驶后，为恢复制动器工作效能，应轻踩制动踏板
	高温	发现轮胎温度过高时，应将车停在阴凉处降温
		发现水温表读数达到100℃时，应将车停在安全地点降温
		感到疲劳时，在安全地点停车休息，并用正确方法缓解疲劳
夜间		跟车时，应保持比白天更大的跟车距离
		将车速控制在制动距离在前照灯照射范围内
		发现路旁停有车辆或自行车时，应减速慢行
		会车时要特别注意两车灯光交汇处的盲区，对方持续使用远光灯时，避免直视其灯光，必要时停车让行

第四节 应急处置

道路运输过程中，驾驶员在关键时刻掌握一些应对紧急情况的措施，可以很大程度上降低紧急情况可能带来的危害；一旦发生事故，及时和正确地进行事故报告和事故现场处理，是防止事故危害扩大的重要保障；掌握事故后的脱困方法，可以为自身和乘客争取更大的生存机会；有效应对自身和乘客突发疾病，可以使运输更加平安顺畅。

一、紧急情况应急处置

（一）紧急、突发情况的处置原则

1. 保持良好心态

道路运输过程中，由于交通环境复杂多变，随时可能发生各种紧急情况。为了避免出现严重后果，把损失降到最低程度，驾驶员必须保持沉着冷静的良好心态。另外，保持头脑清醒，情绪镇定，不惊慌，也是处理紧急情况的先决条件。

2. 及时减速，有效控制方向

（1）危险情况经常是瞬间发生，特别是在车辆高速行驶时。规避和减轻交通事故的危害和损失，有效的措施是制动减速、停车、控制方向。

（2）车速较低的情况下发生紧急情况，要判断能否利用转向避开前方障碍物。若转向避开障碍物比停车有效得多时，在道路交通条件允许的前提下，尽可能优先考虑转向规避撞车，同时采取必要的减速措施。

（3）在车速较高的情况下发生紧急情况，千万不要急转向避让，应采取制动减速，使车辆在碰撞前进入低速行进或停止状态。高速时急转向，容易造成车辆侧滑相撞或者倾翻。

（4）在制动距离内将发生不可避免的碰撞时，可以采取转动转向盘的避让措施，将严重的正面相撞演变为较轻的侧面剐蹭；注意当车辆前轮抱死时，转动转向盘并不能改变车辆行进方向。

3. 先人后物，避重就轻

（1）人的生命高于一切，遇到紧急情况时，宁可财产遭受损失，也要确保人员的安全。

（2）避险时应向损失较轻或危害较小的一方避让，将车辆向情况简单或人员较少的一侧靠近，尽量避开损失较重或危害较大的一方，尽量减轻事故的损失。

（二）车辆故障应急处置

1. 发动机突然熄火

（1）车辆在行驶途中，若发动机突然停止工作，应连续踩踏加速踏板，转动点火开关。若启动成功，先不要着急上路，将车停在路边安全地带，并打开危险报警灯，查明原因，排除故障后方可上路。

（2）若启动没有成功，应立即打开右转向灯，利用惯性，将车缓慢驶向路边停靠，并打开危险报警闪光灯，在车后适当距离设置警告标志，然后查明原因，排除故障。

2. 转向失控

（1）车辆转向失控，还能保持直线行驶时，不可采用紧急制动来减速，尤其是高速行驶时，紧急制动容易发生侧滑，造成车辆倾翻。驾驶员应立刻松抬加速踏板，降挡减速，可均匀而用力拉紧驻车制动器操纵杆进行辅助制动，当车速明显降低时，轻踏制动踏板，使车辆缓慢平稳地停下。

（2）当无ABS装置的车辆已偏离直线行驶方向，事故已经无可避免时，驾驶员应果断地连续踏制动踏板，使车辆尽快减速停车，尽量缩短停车距离，减轻撞击力度。

（3）在采取制动措施的同时，注意及时将危险警示信息传递出去，提醒路上的其他交通参与者注意避让。

（4）发现转向阻力突然增大，但还可以实现转向时，应在保证安全的前提下握稳转向盘，及时减速，寻找安全的地点停车查明原因。

3. 制动失效

（1）行车中突然发生制动失效时，驾驶员应握稳转向盘，松抬加速踏板，利用发动机制动，尽可能通过转向避让人群和障碍物，同时利用驻车制动器或“抢挡”等方法，设法减速停车；若是液压制动车辆，可连续多次踏制动踏板，以期制动力的积聚而产生制动效果。

（2）使用驻车制动时，要注意不可一次拉紧。一次拉紧容易将驻车制动盘“抱死”，造成机械损坏，完全失去制动力。

（3）下坡时制动突然失效，最好是利用道路边专设的避险车道停车。在避险车道停车后，立即拉紧驻车制动器操纵杆，防止溜动或发生二次险情。

（4）如果没有专门的避险车道，要注意观察路边是否有可利用的坡道，借助地形强行停车，也可以果断地利用路边的天然障碍物停车脱险，减少事故的损失。不得已时，用前保险杠斜向剐蹭山体或高速公路护栏，迫使车辆停住。

（5）如无可利用的地形和时机，应迅速抬起加速踏板，从高速挡向低速挡“抢挡”，利用变速器速比的突然增大和发动机制动作用遏制车速，以利于控制车速和操纵行驶方向。

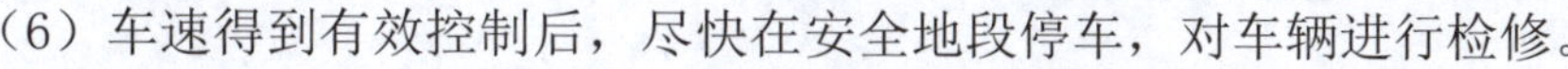

（6）车速得到有效控制后，尽快在安全地段停车，对车辆进行检修。

4. 轮胎漏气

（1）车辆在行驶过程中发生一侧轮胎漏气时，车身向一侧倾斜，方向控制不灵活，并随时间的延长越来越严重。遇到这种情况，要握稳转向盘，控制好制动的节奏，将车辆驶离行车道，平稳停放在路边的安全地带，然后在车后适当距离设置警告标志。

（2）发现轮胎漏气时，禁止采用紧急制动，否则容易造成翻车或发生后车追尾事故。

5. 轮胎爆裂

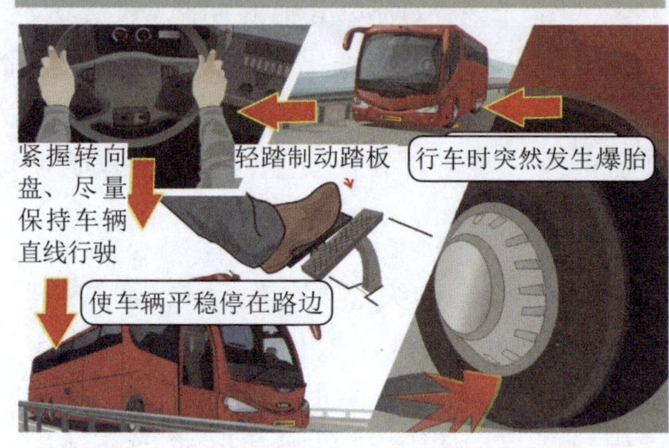

（1）轮胎发生爆裂之前，驾驶员一般很难察觉，只有在听到爆破声，随之出现偏行或危险的摇摆时才能发现。爆胎时，速度越高，危险性越大。

（2）爆胎分后轮爆胎和前轮爆胎两种情况。后轮爆胎时，车尾会晃动不定，但是方向一般不会失控；前轮爆胎的危险比后轮爆胎大，车辆会向爆胎一侧跑偏，驾驶员很难控制转向盘。

（3）无论是何种情况造成爆胎，驾驶员首先要控制好转向盘，尽可能保持车身正直向前，松抬加速踏板，缓踩制动踏板，降低车速。

（4）车速降低后，应迅速采取抢挂低速挡的措施，利用发动机制动降低车速，并平稳地将车停住，尽量将车逐渐停靠在路边安全地带，在车后适当距离设置故障警告标志。

（三）车辆侧滑、侧翻紧急情况下的应急处置

1. 车辆侧滑

因车辆侧滑而引发的事故占事故总数的比例很大，且常造成碰撞、翻车、掉沟等恶性交通事故。在冰雪、湿滑和沙石等路面上空挡滑行、猛转转向盘、紧急制动和加速及车辆重心过高等都极易造成车辆侧滑。车辆发生侧滑时，驾驶员应及时果断地结合车辆所处的行驶环境采取相应的应急措施。

（1）当制动、转向或剐蹭引起车辆侧滑时，应立即松抬制动踏板，迅速向侧滑一方转动转向盘（不可大幅度转向），并及时回转，修正方向后继续行驶。

（2）因转向或剐蹭引起的侧滑，不可使用行车制动。

2. 车辆侧翻

车辆发生侧翻时，驾驶员应确保安全带系好，双手握稳转向盘，双脚钩住制动踏板，背部紧靠座椅靠背，尽力稳住身体，随车体一起倾翻。

（四）发生火灾、爆炸时的应急处置

1. 车辆起火

车辆行驶中，会因吸烟、电线短路、撞车、翻车等诸多因素诱发火灾。起火时，应立即停车，关闭车辆油路、电路，疏散车上人员。若为初始火灾，立刻用灭火器灭火；火势严重时，拨打“119”火警救援。发生爆炸时，要及时疏散车上人员，同时报警。

控制火势：

（1）行驶中发生火灾，驾驶员要努力将车辆停放在一个不会威胁其他人的地方（远离加油站、建筑物、高压电线、树木、灌木丛、车辆或其他易燃物品），及时拨打火警电话，等待救援。

（2）马上关闭正在工作的发动机并拔出点火钥匙。如果是发动机着火，不要打开发动机盖灭火，防止氧气充足增大火势，应通过散热器、车身通气孔及车底侧进行灭火。

（3）货运汽车装载的燃烧性货物发生火灾时，条件允许时要将货物卸下，条件不允许时要尝试灭火。篷式货车或厢式货车上的货物发生火灾时，必须保持车厢封闭，防止火势蔓延。

（4）高速公路行车发生火灾时，应将车辆停靠在路肩上并尽可能远离收费站、服务区、停车场、加油站等公共场所，以防火势蔓延，造成更大的损失。

逃离火灾：

（1）关闭点火开关、电源总开关，设法使乘客（车上人员）迅速撤离车辆；逃离时如果无法打开驾驶室门或车门，可以用车上配备的安全锤或其他坚硬物体，敲击安全玻璃的四个角。

温馨提示

安全锤的正确使用

钢化玻璃的中间部分是最牢固的，四角和边缘是最薄弱的。最好的办法是用安全锤敲打玻璃的边缘和四角，尤其是玻璃上方边缘最中间的地方，此处玻璃最容易被击碎。

（2）当火焰逼近，无法躲避时，可用身体猛压火焰，冲出一条生路。冲出时，及早脱去化纤类衣服，注意保护裸露的皮肤，不要张嘴呼吸或高声呼喊。

灭火时的注意事项：

（1）为了自身安全，灭火时不要穿化纤类衣服，要注意保护没有遮盖的皮肤，不要撕扯已经黏在皮肤上的衣服，以免将表皮一起撕掉，造成更大伤害。保护上呼吸道，不要张嘴呼吸或高声呐喊。

（2）灭火时，驾驶员应站在上风处，以防火焰、烟雾随风就势殃及救火人员的安全。

（3）使用灭火器灭火时，应将灭火器瞄准火源的根部，由远及近灭火。

（4）针对不同原因引起的火灾，选择不同的灭火器。例如，可以用水熄灭木材、纸张、布匹和轮胎引起的火灾，但不能用水熄灭电器、汽油着火；电线短路引发起火时可以用泡沫灭火器熄灭；油箱起火时，可以用干粉灭火器熄灭。车辆燃油着火时，若无合适的灭火器，可用路边沙土或厚布、工作服等覆盖灭火。同时，还应切断油路，做好油箱的防爆工作。

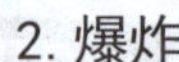

2. 爆炸

车辆技术状况存在缺陷、剧烈碰撞、车上有易燃易爆物品、车辆燃烧等原因均可能引起车辆爆炸。

客车发生爆炸时，驾驶员应第一时间报警，说明爆炸的时间、具体地点、爆炸原因、着火物品等情况，拨打120急救电话求救，并尽快组织未受伤人员疏散车上人员至安全地点，对受伤人员进行初步救治。

为避免车辆发生二次爆炸扩大伤害范围，在不了解爆炸情况时，任何人员不可以贸然靠近爆炸车辆。

（五）突遇自然灾害的应急处置

突遇自然灾害是指客货车在行驶过程中突然遭遇到地震、泥石流、山洪暴发、桥梁塌陷等灾害。这些自然灾害是无法预料的，其结果也是毁灭性的。

（1）及时停车。遇到突发的自然灾害时，驾驶员应及时选择安全地点停车。地震时不要在变压器、电线杆、路灯、广告牌、吊车、高层建筑物（如烟囱、水塔、立交桥、楼房、过街天桥等）下停车，并尽量避开山坡、山崖等环境。

（2）稳定乘员情绪。突然遇到自然灾害时，驾驶员一定要先安抚乘员，不要让乘员盲目逃生，要保持冷静，听从安排。

（3）有序逃生。遇突发自然灾害时，驾驶员应组织乘员有序逃生。遇泥石流、山洪暴发时，组织车上人员往泥石流的两侧跑，要尽量往地势比较高的地段躲避，等待救援。注意逃生时不要携带重物。

（六）遭遇恐怖袭击时的应急处置

遭遇恐怖袭击是指客货车遭遇抢劫、劫持的现象。在离市区较远的道路上行驶，可能会遇到抢劫或劫持等恐怖事件。客车遭遇恐怖事件时，如果驾驶员处理不当或惊慌失措，易给自身、乘员带来危险甚至危及生命；货车遭遇恐怖事件时，如果驾驶员处理不当，易使自身陷入危险，或使货物面临损失。

（1）实施自救，随机应变。驾驶员、乘务员及车内乘客应尽可能通过各种方式将危险信息传递出去，如通报监控中心或用短信方式向亲属、朋友求助，让其尽快报警。报警时应尽可能向警方说明我方的详细信息、恐怖分子的详细信息，以及现场有无可以利用的有利条件。驾驶员应根据事态发展决定是紧闭车门，截断不法分子的逃生之路，还是打开车门化解险情。

（2）与罪犯周旋。驾驶员、乘务员应尽量准确记下罪犯的相貌特征，方便事后报案，还应在不死人、不伤人的前提下与不法分子谈判、周旋。

（3）稳定乘员情绪。驾驶员和乘务员应根据具体情况设法稳定乘客情绪，防止乘客情绪失控，与劫匪发生冲突。

（4）在客车上遇到恐怖分子枪击时，要迅速低头隐蔽于前排座椅后或蹲下、趴下。找机会拨打110报警电话报警，讲明具体位置，受到哪个方向的枪击，是否有人受伤等。确定枪击方向后，下车沿着枪击相反方向，利用车体作掩护快速撤离。在情况不明时，不要下车。到达安全区域后，若发现有人员受伤，及时实施自救互救。

（5）积极向警方提供现场信息，协助警方控制局面。

温馨提示

短信报警

中国移动、中国联通、中国电信移动用户通过移动电话编写短信发送到公安机关报案的方式称为短信报警。

公安部已与相关部门确定将“12110”作为全国公安机关统一的公益性短信报警号码，全国已经使用和正在建设短信报警的60多个地、县级市及更多地区将陆续启用全国统一短信报警号码，各地原有短信报警号码将陆续调整为全国统一短信报警号码12110。

报警人应尽可能简要、准确地写明事件性质、地点和时间等要素，以方便警方准确、快速实施救援。如遭遇劫持时，可编辑“现**区**街**车**人遭劫持*名劫匪”。

（七）驾驶员或乘客突发疾病时的应急处置

1. 驾驶员突发疾病

驾驶员常见的突发疾病类型和症状包括心肌梗死、心绞痛、冠心病、房颤（心力衰竭）或中暑等。

驾驶员突发疾病时，如果出现剧烈的疼痛或晕厥，可能会无法正常驾驶车辆，导致与其他车辆或固定物发生相撞事故，也有可能偏离正常的行驶路线而与路边的行人、非机动车发生碰撞。若此时车辆正行驶在危险路段，如盘山公路、高架桥等，易使车辆直接翻入沟中或坠到崖下，发生极其严重的交通事故。

驾驶员感到身体不适时，应立即开启危险报警闪光灯警示其他车辆，降低车速，选择安全地带停车，告知乘客原因，打开车门疏散乘客。驾驶员在有知觉的情况下，应及时采取自救措施，服用随身携带的药品，缓解不适感，并向公安机关交通管理部门报警，同时向车队管理人员报告，告知自己的身体状况及车辆停放位置，请求救助。此时也可向车内乘客求助，如果车内有乘客是医务人员，则可对患病驾驶员采取紧急救助措施，为后续救援争取时间。如果病情严重，应立即拨打120急救电话求救。

2. 乘客突发疾病

客运车辆上经常出现乘客突发疾病的情况，病情较重的乘客如得不到及时救助，很可能会有生命危险。乘客常见的突发疾病和症状包括心肌梗死、心绞痛、冠心病、房颤（心力衰竭），情绪失控，癫痫（全身抽搐、晕厥），肺炎、肺心病、哮喘（呼吸困难），以及晕车、中暑、虚脱等。

若车上乘客突发疾病，驾驶员或乘务员确认病症后，及时检查乘客身上是否携带急救药物，并尽快帮助其服下。当发现乘客没有随身携带药物时，应直接拨打120急救电话求救，或在征得其他乘客同意后，将患病乘客送往医院。在送往医院的途中和急救车赶到之前，在车内寻找医务工作者，为抢救病患争取时间。乘客腹部疼痛时，可让其保持半卧姿势，然后垫高其膝盖；乘客胸部疼痛时，应让其保持半坐姿势，然后加压包扎其胸部，缓解因呼吸引起胸部起伏而导致的刺激性疼痛；乘客呼吸困难，又患有心脏病和肺病时，应让其保持半坐姿势，不可给其乱用药物。在高速公路等特殊路段遇乘客突发疾病时，驾驶员和乘务员可以与附近巡逻的公安交警联系，由公安交警负责和相关部门或机构联系，为救人开辟特殊通道。

二、事故现场应急处置

（一）事故报告和现场处置

（1）报告事故。驾驶员在运输过程中发生事故，应视情况报警，并如实向有关单位和部门报告，不得隐瞒交通事故真实情况，更不得肇事后逃逸。报警时应向警方说明报警人的姓名、联系方式，事故的时间、地点，是否有人员伤亡，以及事故车及肇事车的详细情况，例如是否载有危险品，危险品是何种类等。现场有人受伤时，应立即拨打120急救电话。

（2）疏散车上人员。立即将车上人员转移到路面以外的安全地带，尽量减少人员在路面的停留时间。疏散车上人员时注意维持秩序，切忌慌乱，以免进一步造成踩踏、碰撞等事故，使伤害范围扩大。

（3）保护现场。注意保护现场，不破坏、伪造现场，同时制止他人破坏、伪造现场。需要变动事故现场时，应当标记被移动的伤员、车辆、物品等的原始位置或进行拍照。当遇到下雨、下雪或刮风等情况，可能对现场造成破坏时，可用苫布等物品将现场的车痕、制动印痕、血迹等遮盖起来。

（二）事故现场自救与互救原则

（1）抢救伤员时，先救命，后治伤。

（2）有多名伤员需送往医院时，处于昏迷状态的伤员首先送往医院，其他轻伤伤员最后送往医院。

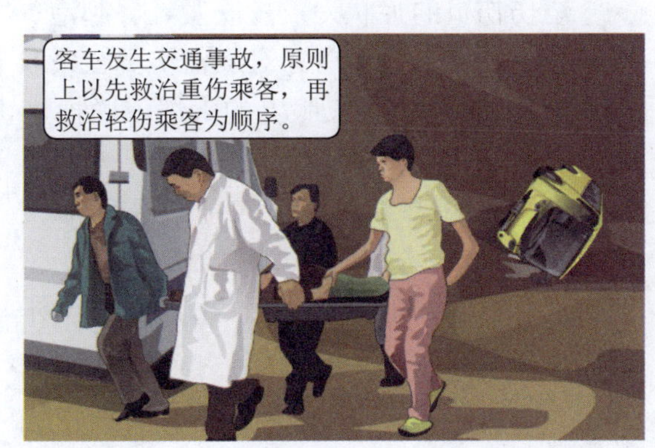

（3）受伤者在车内无法自行下车时，要特别注意避免二次受伤。

（4）伤者被压于车轮或货物下时，设法移动车辆或搬掉货物，根据伤势采取相应的救护方法，切忌拉拽伤者的肢体。

（三）事故现场危重伤员的应急救治措施

1. 骨折伤员处置

（1）不要移动骨折伤员的骨折部位，以防伤员因疼痛而休克，对于有可能是脊柱损伤的伤员，一定不要改变其姿势。

（2）关节损伤（扭伤、脱臼、骨折）的伤员，应避免活动，不要改变损伤时瞬间的位置、姿势，更不能自行复位，要小心用医用纱布包扎，按照骨折的状态保持静止。

（3）伤员骨折处有出血时，应先止血和消毒包扎伤口，然后固定。大腿、小腿和脊椎骨折时，一般应就地固定。

（4）在将骨折伤员抬上担架时，要遵照医护人员的指导：3名救护人员把手放在伤员身下，统一行动，一定要同时抬起伤员躯干，轻轻放到担架上。

2. 对昏迷不醒伤员的抢救

产生昏迷不醒的原因有缺氧、中毒、中暑、暴力刺激大脑等。失去知觉的伤员是不会讲话的，在抢救之前要先检查伤者呼吸情况，并保持伤者侧卧姿势。

3. 呼吸中断伤员的抢救

呼吸中断者的症状表现为无呼吸声音和无呼吸运动。伤员呼吸中断后，应立即进行抢救，否则可能因缺氧而危及生命。

抢救呼吸中断伤员时，要抬起下颌角，使呼吸道畅通；如果受伤者仍不能呼吸，检查嘴和咽喉中是否有异物，并设法排除，进行口对口人工呼吸。

4. 失血伤员的抢救

如果受伤者失血过多，可能会出现休克等症状，危及生命。可通过外部压力，使伤口流血止住，然后系上绷带。止血后，采取一些防止休克的措施。

5. 对中毒伤员的抢救

（1）为防止继续中毒，应迅速将中毒的伤员送到有新鲜空气的地方。

（2）要让昏迷不醒的中毒伤员保持侧卧位。

（3）反复检查呼吸和脉搏，呼吸停止时，应进行适当的人工呼吸。

6. 对烧伤伤员的抢救

烧伤伤员的症状为：皮肤发红、起泡、感觉疼痛。内部组织受损的烧伤可引起呼吸困难、休克、烧伤性疾病。对烧伤伤员应采取下列急救措施：

（1）迅速扑灭衣服上的火焰或脱掉烧着的衣服。

（2）全身燃烧时，可向身上喷冷水。

（3）用消毒过的绷带包扎伤口。

（4）防止热损耗，可饮用盐水（一杯水中放一匙食盐）。

（5）不可使用粉剂、油剂、油膏或油等敷料。

（6）脸部烧伤时，不要用水冲洗，也不要覆盖。

（7）反复检查呼吸和脉搏，防止休克。

7. 头部受伤伤员的救护

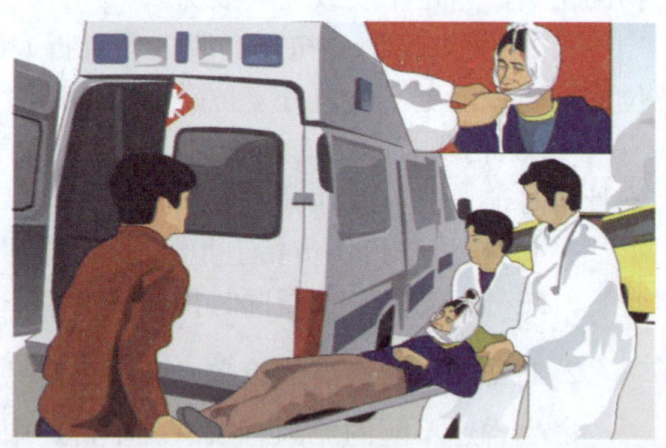

（1）若伤员神志清醒，呼吸脉搏正常，损伤不严重时，可进行伤部止血，包扎处理后，扶伤员靠墙或树旁坐下，找一块垫子将头和肩垫好；若伤员出现昏迷，要保持呼吸道畅通，并密切注意伤员呼吸和脉搏。

（2）在救护转移时，护送人员扶置伤者呈半侧卧状，头部用衣物垫好，略加固定再转移。

8. 休克伤员的抢救

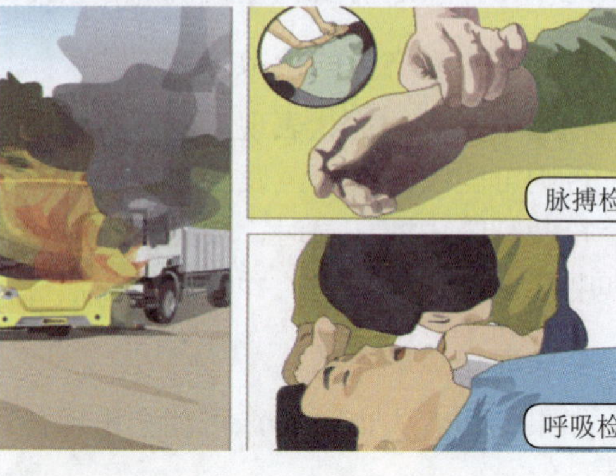

休克的症状表现为：面色苍白、四肢发凉、额部出汗、口吐白沫、显著焦躁不安，脉搏跳动变得越来越快和虚弱，最后脉搏几乎摸不出来。这些症状有时会部分出现，有时又会同时出现。

伤员出现休克时及时采取下列措施：

（1）将伤员安置到安静的环境。

（2）将伤员头、躯干、下肢抬高呈中凹卧位，以增加回心血量。

（3）采取保暖措施，防止热损耗。

（4）反复检查呼吸和脉搏。

（5）呼救，送往医院。

三、常用伤员急救方法及注意事项

（一）心肺复苏抢救

心肺复苏是通过口对口吹气、胸外心脏按压等，对心跳、呼吸骤停伤员的有效抢救方法。常温下，脑细胞在心跳骤停四分钟后将出现不可逆转的损害。因此，对心跳、呼吸骤停伤员实施现场心肺复苏抢救，抓紧急救“黄金四分钟”非常重要。

1. 抢救实施步骤

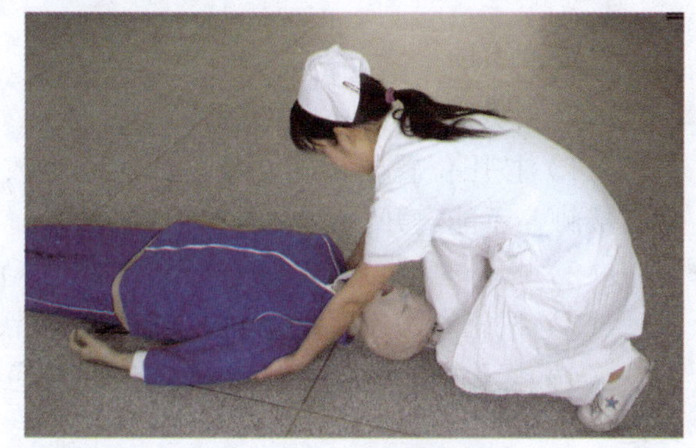

（1）判断意识。将伤员放置于平卧位，救助人员在伤员的一侧，轻推呼喊伤员，如伤员无任何反应，即可判断其意识丧失。注意不要猛烈摇晃伤员，尤其是对于脑外伤、脑出血或脊柱损伤的伤员，用力摇晃可能带来严重后果。

（2）保持呼吸道畅通。用两个手指抬起伤员下颏，同时用另一只手将伤员的前额下按，使下颏与耳垂线垂直于地面，保持呼吸气道的开放畅通，清理气道和口中可能存在的异物。贴近伤员5～10 s，通过听、看、感觉来判断伤员有无呼吸。

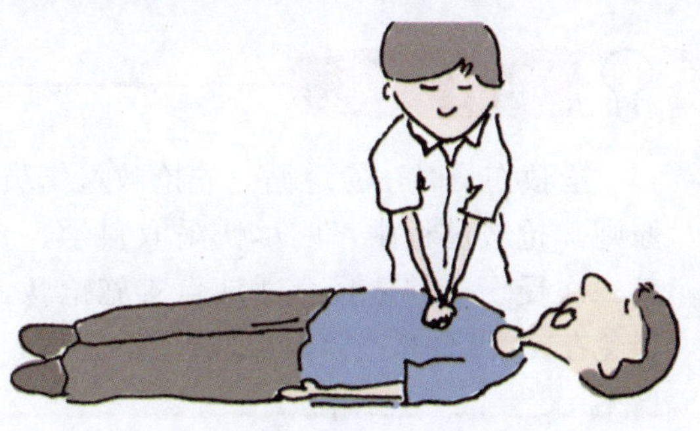

（3）实施胸外心脏按压。触摸伤员颈动脉，如果没有搏动，说明心脏停搏、循环停止，应立即进行胸外心脏按压，具体方法如下：

①救助人员用单手掌根紧贴伤员胸前中线与双乳头连线交叉处，另一只手放在其手背上，十指相扣。仅以单手掌根接触伤员胸壁。

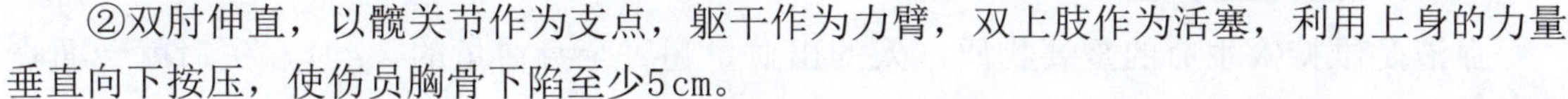

②双肘伸直，以髋关节作为支点，躯干作为力臂，双上肢作为活塞，利用上身的力量垂直向下按压，使伤员胸骨下陷至少5 cm。

③下压后手臂放松，但手掌不离开胸部，使伤员胸壁充分恢复原状，然后再次下压，如此反复进行，按压时间与放松时间基本相同，按压频率为每分钟至少100次。

④每按压30次后，加做2次口对口吹气作为一遍操作，连续做5遍或进行2～3 min后，重新检查呼吸和循环。

⑤在专业救援人员来到之前不要轻易放弃心肺复苏，也可以两人轮换进行，但是中断时间不要超过5 s。

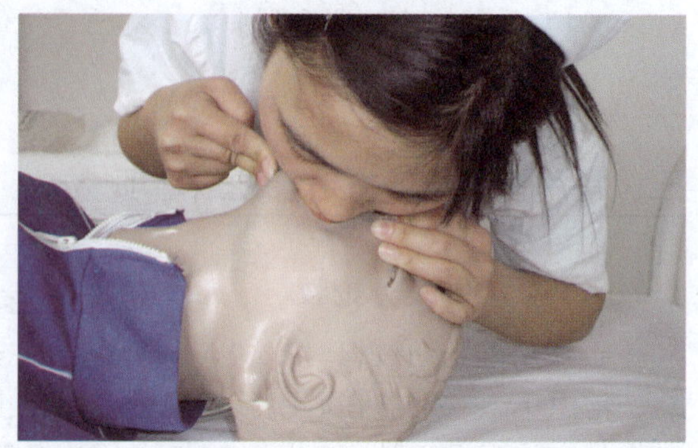

（4）实施人工呼吸。救助人员位于伤员的头旁，一手捏紧伤员鼻子，防止空气从鼻孔泄漏，同时用口对着伤员的口吹气。口对口用力吹气2次，每次持续吹气1～2 s以上，同时观察伤员胸部起伏情况：如果吹气后胸部起伏，说明气道通畅；如果无胸部起伏，说明气道没有开放，需要重新清理口腔异物。

在伤员气道通畅的情况下，救助人员对伤员进行吹气，在伤员胸壁扩张后，即停止吹气，让伤员胸壁自行回缩，呼出空气，如此反复进行，每分钟16～20次。

2. 注意事项

救助人员实施胸外心脏按压时，应注意：

（1）按压位置要正确，无论按压还是放松时，救助人员的手掌根应始终与伤员胸壁紧密接触，不能离开。

（2）按压时用力要均匀，不可过猛，不可作冲击式按压，否则可能造成胸骨骨折。

（3）按压时力量要垂直向下，不要前后、左右摇晃，掌根应始终处于胸骨中线上。

（4）操作时随时观察患者的反应和脸色的变化，连续采取心肺复苏的措施直至医生到达。

温馨提示

抢救伤员时，应遵循“先抢救重伤员，再抢救轻伤员”和“先救命，再治伤”的原则。抢救过程中，应尽快采取科学、合理的措施将受伤人员救离事故现场，避免其二次受伤，并选择合适地点实施抢救，如夜间有照明、救护车容易接近的地点，避免在交叉路口、转弯处或坡道上施救。

（二）伤口止血和包扎

血液是维持人生命的重要物质，人的出血量超过全身血量的1/4时，生命就会面临危险。

1. 指压止血法

指压止血法是指较大的动脉出血后，用手指或无菌敷料直接压迫出血部位靠近心脏的动脉，阻断动脉血液流动，从而有效达到快速止血的目的。

（1）桡、尺动脉止血。同时按压腕部掌面两侧的桡、尺两条动脉止血。通常用于手掌部的出血。

（2）肱动脉压迫止血。在上臂中段的内侧摸到肱动脉搏动后，用拇指压迫止血。通常用于手、前臂及上臂下部的出血。

桡、尺动脉止血

肱动脉压迫止血

（3）颞动脉压迫止血。用拇指压迫同侧耳前正对下颌关节处的颞浅动脉止血。通常用于头顶及颞部动脉的出血。

（4）颌外动脉压迫止血。用于颜面部的出血。用拇指或食指在下颌角前约半寸外，将动脉血管压于下颌骨上。

（5）颈总动脉止血。用拇指将伤侧颈动脉向后压于第五颈椎上止血，禁止同时压迫两侧的颈动脉。这种方法通常在头部、颈部大出血且采取其他止血方法无效时使用。

（6）锁骨下动脉压迫止血。用于腋窝、肩部及上肢出血。用拇指在锁骨上凹摸到动脉跳动处，其余四指放在病人颈后，以拇指向下内方压向第一肋骨。

温馨提示

对伤员实施指压止血时，压迫动脉的压迫点应力求准确；压迫力度适中，以伤口不出血为宜；压迫时间在10～15min；压迫过程中，注意保持伤处肢体抬高。

2. 包扎止血法

包扎止血法是指用绷带、三角巾、止血带等物品，直接敷在伤口或结扎某一部位的处理措施。

（1）加压包扎止血。适用于小动脉、静脉及毛细血管出血。用消毒纱布垫敷于伤口后，再用棉团、纱布卷、毛巾等折成垫子，放在出血部位的敷料外面，然后用三角巾或绷带紧紧包扎起来，以达到止血目的。

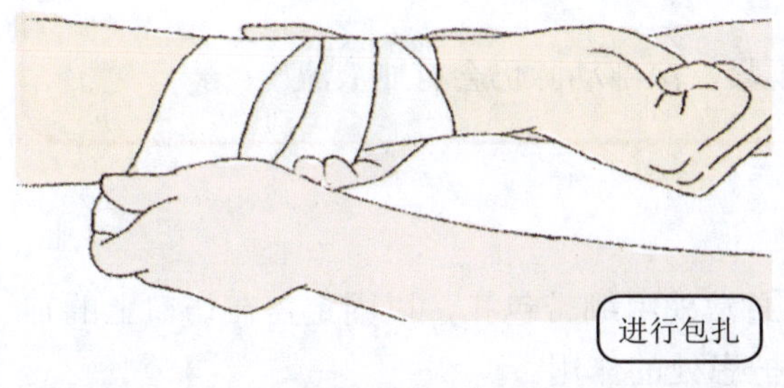
进行包扎

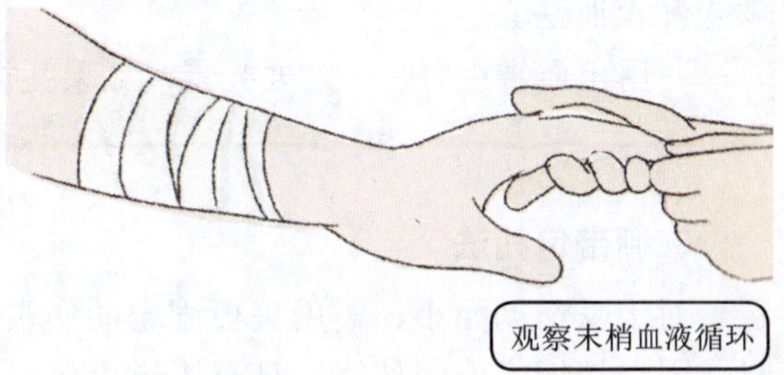
观察末梢血液循环

（2）加垫屈肢止血。在上肢或小腿出血，且没有骨折和关节损伤时，可采用屈肢加垫止血。如上臂出血，可用一定硬度、大小适宜的垫子放在腘窝，上臂紧贴胸侧，用三角巾、绷带或腰带固定胸部；如前臂或小腿出血，可在肘窝或腘窝加垫屈肢固定。

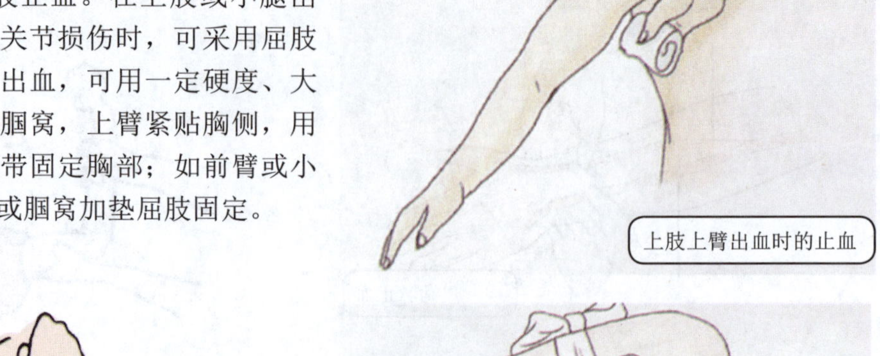

上肢上臂出血时的止血

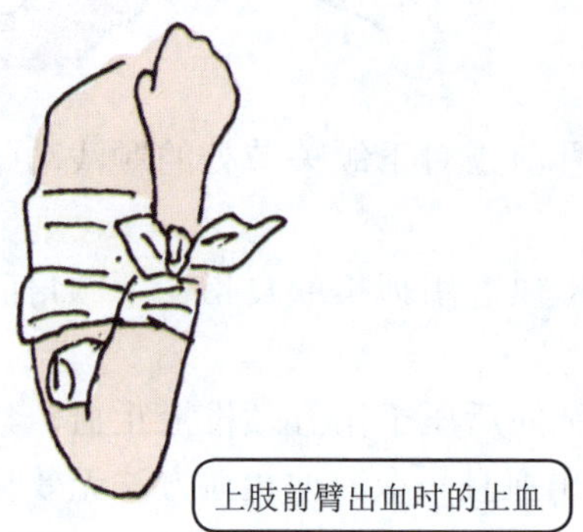

上肢前臂出血时的止血

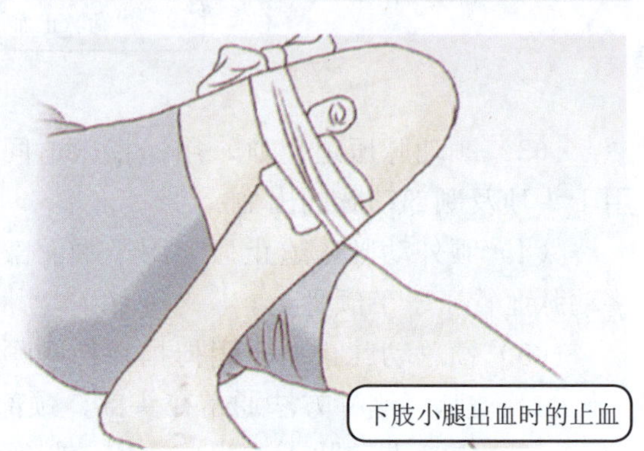

下肢小腿出血时的止血

（3）止血带止血。取弹性的橡皮管、橡皮带，上肢结扎于上臂上1/3处，下肢结扎于大腿的中部。结扎时应先将伤肢抬高，底部垫上敷料或毛巾等软织物，将止血带适当拉长，绕肢体两周，在外侧打结固定。要标明扎止血带时间，每40 min放松一次。

止血带止血，标明时间

温馨提示

一般小动脉和静脉出血可用加压包扎止血法；较大的动脉出血，应用止血带止血法；在紧急情况下，须先用压迫法止血，然后再根据出血情况改用其他止血法。

如伤处有骨折时，须另加夹板固定。伤口内有碎骨或异物存在时，不得应用加压包扎止血法。

用止血带止血，一定要扎紧，如果扎得不紧，深部动脉仍会有血液流出。

3. 绷带包扎法

对于受伤创面小、需用夹板固定的伤员，通常采用绷带包扎，以固定盖在伤口上的辅料、固定骨折或挫伤部位，且有压迫止血、保护患处的作用。

（1）环形法。此法多用于手腕部，肢体粗细相等的部位。首先将绷带作环形重叠缠绕。第一圈环绕稍作斜状；第二、三圈作环形，并将第一圈之斜出一角压于环形圈内，最后用粘膏将带尾固定，也可将带尾剪成两个头，然后打结。

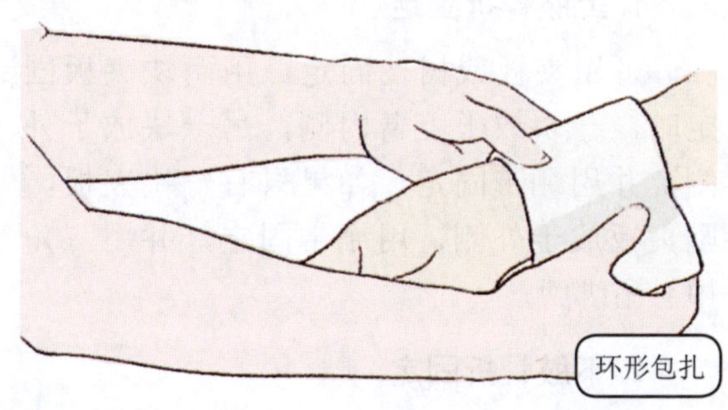
环形包扎

（2）蛇形法。此法多用于夹板之固定。先将绷带按环形法缠绕数圈。按绷带之宽度作间隔斜着上缠或下缠。

（3）螺旋形法。此法多用于肢体粗细相同处。先按环形法缠绕数圈。上缠每圈盖住前圈1/3或2/3呈螺旋形。

（4）螺旋反折法。此法应用肢体粗细不等处。先按环形法缠绕。待缠到渐粗处，将每圈绷带反折，盖住前圈1/3或2/3，依此由下而上地缠绕。

温馨提示

（1）打好绷带的要领是，不要过紧，也不能过松。不然会引起血液循环不良或松得固定不住纱布。如果没经验，打好绷带后，看看身体远端有没有变凉，有没有浮肿等情况。

（2）打结时，不要在伤口上方，也不要在身体背后，免得睡觉时压住不舒服。

（3）在没有绷带而必须急救的情况下，可用毛巾、手帕、床单（撕成窄条）、长筒尼龙袜子等代替绷带包扎。

4. 三角巾包扎法

三角巾使用方便，包扎方法容易掌握，包扎面积大。三角巾不仅是较好的包扎材料，还可固定夹板、作为敷料和代替止血带使用。

（1）普通头部包扎。先将三角巾底边折叠，把三角巾底边放于前额拉到脑后，相交后先打一半结，再绕至前额打结。

（2）风帽式头部包扎。将三角巾顶角和底边中央各打一结成风帽状。顶角放于额前，底边结放在后脑勺下方，包住头部，两角往面部拉紧向外反折包绕下颌。

（3）普通面部包扎。将三角巾顶角打一结，适当位置剪孔（眼、鼻处）。打结处放于头顶处，三角巾罩于面部，剪孔处正好露出眼、鼻；三角巾左右两角拉到颈后在前面打结。

（4）普通胸部包扎。将三角巾顶角向上，贴于胸部，如系左胸受伤，顶角放在右肩上，底边扯到背后在后面打结；再将左角拉到肩部与顶角打结；背部包扎与胸部包扎相同，位置相反，结打于胸部。

（三）骨折固定方法

伤员发生骨折后，必须先进行必要的固定，再进行搬运，以避免二次受伤。固定伤员的骨折部位时，应固定骨折部位的两端和上下两个关节，力求稳妥牢固。

1. 上肢骨折固定

可用夹板或树枝固定。用两块夹板固定时，一块放于上臂内侧，另一块放于外侧，并用绷带固定。如果只有一块夹板，则夹板放于外侧，用绷带固定，并用三角巾悬吊绑缚。

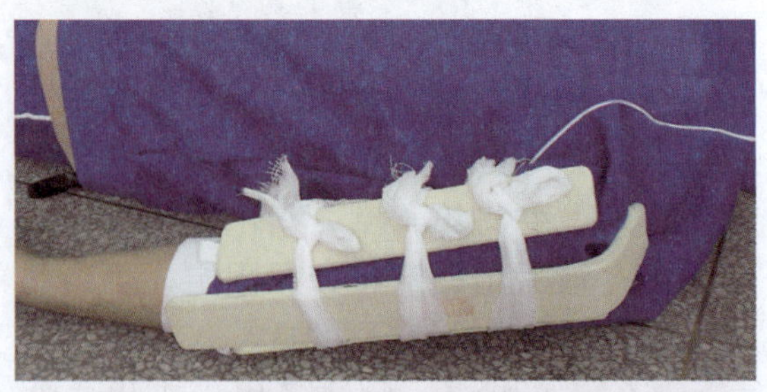

2. 下肢骨折固定

将伤腿拉直，用长夹板或长木板固定，用绷带或三角巾缠绕固定，并加强对四肢末梢血液充盈情况的检查，以防肢体缺乏血液供应而坏死。

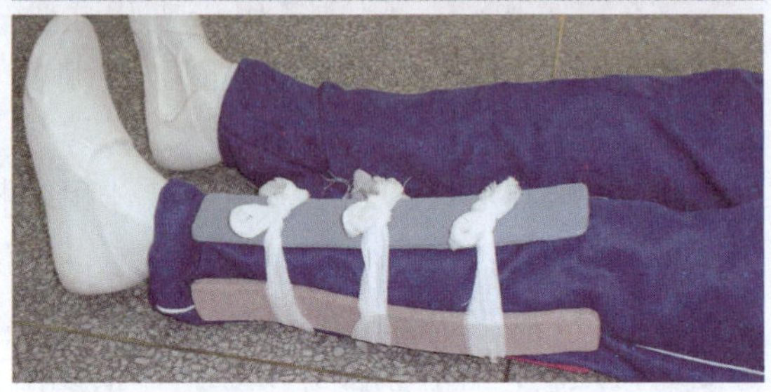

3. 脊柱骨折固定

伤员发生脊柱骨折时，严禁随意搬移或扶持伤员走动，应在保持脊柱安定的状况下，平稳地移至硬板担架上，用三角巾固定后，送往医院救治。

第五节 典型道路运输事故案例分析*

每一起事故都是血和生命换来的教训。我们不仅要从事故中吸取经验教训，也要通过剖析这些事故，强化安全意识，防患未然。

一、案例分析（单选题，选项省略不列出）

1. 货运驾驶员驾驶货车以70km/h的速度通过山区弯道时，车辆失控冲出路面撞上路边土包，导致车头严重变形，驾驶员被困驾驶室。造成这起事故的主要原因是什么？（提示：驾驶员超速）

2. 高速公路前方发生了碰撞事故，货运驾驶员驾驶货车经过事故现场时看热闹，没注意前方路况，一眨眼的工夫连撞了3辆车。造成这起事故的原因是什么？（提示：驾驶员注意力分散）

3. 货运驾驶员驾驶货车在隧道内借道超车时，与迎面驶来的小客车碰撞，导致人员伤亡。造成这起事故的直接原因是什么？（提示：货运驾驶员隧道内违法超车）

4. 凌晨，一辆货车在无人看守的铁路道口与一列火车相撞，导致货车驾驶员受伤，火车脱线。道口处设有安全警示，火车经过时也会鸣笛，但货车驾驶员仍然抢道行驶，导致事故发生。吸取这起事故的教训，通过无人看守的铁路道口时应该怎么做？（提示：一停、二看、三通过）

二、案例分析（多选题）

1.覃某驾驶大货车通过十字路口，因不熟悉道路，在路口内直行10余米后，他发现应该在这个路口右转，随即草率打方向右转，与同向直行的电动车发生碰撞，导致人员伤亡。造成这起事故的原因有哪些？（答案：ABC）

A.覃某不熟悉运输路线　　B.覃某在十字路口内违法转弯

C.覃某行车中不注意观察路况　　D.电动车驾驶员违法行驶

2.赵某驾驶大货车在高速公路上行驶时，车辆突然出现故障，他靠边停车检查，但没有采取警示措施，随后后方一辆货车撞了上来，导致两车受损。造成这起事故的原因有哪些？（答案：BC）

A.赵某疲劳驾驶　　B.赵某未采取警示其他车辆的措施

C.后车驾驶员未仔细观察路况　　D.后车驾驶员超速行驶

3.李某发现半挂车制动有问题，告知了车主，但车主并未进行检修。数天后，李某驾驶这辆半挂车运输起重机部件（货物超载且捆绑固定存在隐患）在高速公路上行驶，行经一处17km的长下坡路段时，李某频繁使用行车制动减速，加上车辆制动本身有问题，导致车辆制动失灵，之后途经4处避险车道，但李某并未采取紧急避险措施，失控的半挂车疾驰至收费广场附近后与多车发生碰撞，造成多人伤亡，多车受损。造成这起事故的原因有哪些？（答案：ABCD）

A.明知车辆故障还上路行驶　　B.车辆超载，货物捆绑不良

C.李某下长坡减速操作不当　　D.李某未采取紧急避险措施

4.一辆货车在高速公路上行驶，驾驶员突然发现前方路面上有异物，但已经避让不及，货车撞上异物后侧翻。如果你是这位驾驶员，应该如何避免类似事故？（答案：ABCD）

A. 保持15 s以上的观望距离　　B. 车速较低时转向避让同时减速

C. 车速较高时不能转向避让　　D. 碰撞不可避免时尽量减速降低撞击力

5. 一辆重型半挂车在十字路口等红灯，一辆电动车斜插至半挂车右前侧，此时绿灯亮了，半挂车起步，随即撞倒并辗轧电动车，造成电动车驾驶员当场死亡，乘客受伤。造成这起事故的原因有哪些？（答案：BD）

A. 半挂车闯红灯　　B. 半挂车起步前没有仔细观察

C. 电动车超速　　D. 电动车不按车道行驶

6. 一辆重型货车与一辆面包车相向同时接近乡村弯道，两车车速都较快，在转弯处会车时因避让不及碰撞在一起。如果你是这位货车驾驶员，通过弯道时应该如何安全会车？（答案：ABD）

A. 不越过道路中心线　　B. 合理控制车速

C. 减小横向距离　　D. 注意对向盲区是否有车，适时鸣喇叭

7. 一辆重型半挂车在驶近十字路口时，驾驶员发现信号灯变为红灯，但他并未减速，而是继续行驶进入路口内，随后拦腰撞上交叉方向上正常通过路口的公交车，造成人员伤亡。吸取这起事故的教训，驾驶员应如何通过十字路口？（答案：ABC）

A. 提前减速，观察路况　　B. 红灯亮时应停车等待

C. 观察是否有违法通行的人和车　　D. 绿灯亮时可以放松警惕

8. 一辆大客车在站外招揽乘客后驶入高速公路，连续行驶6个小时后，客车突然穿越中央隔离带进入对向车道，与一辆运输环己酮的半挂车发生碰撞，导致多人伤亡、半挂车运载的环己酮泄漏。经调查发现，半挂车所属危险货物运输企业并没有运输环己酮的资质。这起事故中有哪些违法行为？（答案：ABC）

A.大客车站外揽客　　B.大客车疲劳驾驶

C.半挂车超越许可范围运输危险货物　　D.半挂车超速行驶

9.雨天，刘某驾驶一辆空载重型半挂车以93km/h左右的速度在湿滑的高速公路上行驶，制动时牵引车（第一轴制动气管未连接）侧滑，挂车（长30.55m、宽2.525m、高4.1m）由于制动滞后继续向前，牵引车和挂车弯折，车辆失控冲破中央隔离护栏驶入对向车道，与对向三辆小客车发生碰撞，导致多人伤亡。造成这起事故的直接原因有哪些？（答案：ABC）

A.牵引车不符合技术条件　　B.挂车外廓尺寸超过规定限值

C.刘某雨天超速行驶　　D.小客车雨天超速行驶

10.夜间，刘某驾驶货车在无照明路段不慎撞到路边花坛，导致车辆受损，刘某自己受伤。如果你是刘某，夜间通过无照明路段时应该怎么做？（答案：ABD）

A.降低车速　　B.正确使用灯光

C.会车、跟车时持续使用远光灯　　D.注意观察人、车、物及道路情况

11.陈某驾驶货车跟车行驶，看到前车示意左转时，他认为来得及超越前车，于是穿越双实线占用对向车道超车，结果与前车相撞。如果你是陈某，应该如何安全超车？（答案：ACD）

A.超车前全面观察路况　　B.前车左转时从右侧超车

C.前车正在左转时放弃超车　　D.不可跨越双实线超车

12.大货车驾驶员看到前车减速，便向右侧变更车道，没有发现右侧盲区内正好有一辆小客车，导致两车碰撞。吸取这起事故的教训，变更车道时应该怎么做？（答案：BCD）

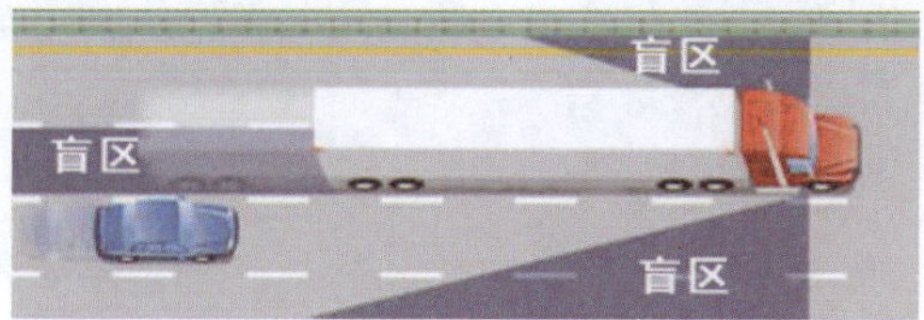

A.开启转向灯后迅速变更车道

B.仔细观察，确保安全后再进行后续操作

C.提前开启转向灯提醒其他车辆

D.注意盲区内是否有车辆行驶

13.一辆货车在右转弯时将一辆电动车卷入车底，造成骑车人当场死亡。货车驾驶员直行时观察过右方没有车，等到右转时就只观察了前方和左侧，忽视了右方。为了避免类

似事故，转弯时应该怎么做？（答案：ABC）

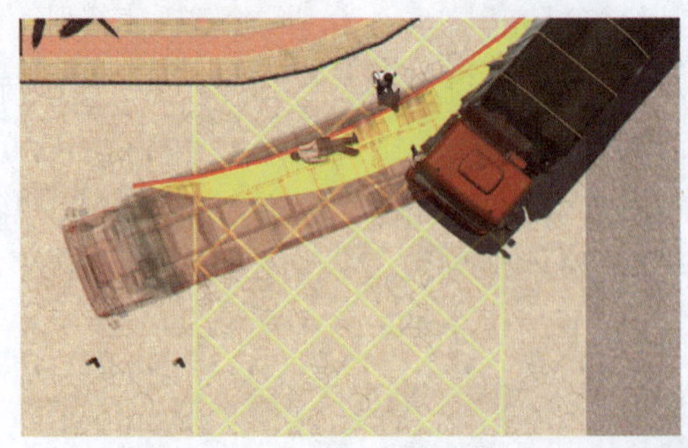

A. 提前降低车速　　B. 全面观察路况

C. 注意内外轮差　　D. 迫使其他车辆避让

14. 夜间，一辆故障货车停在照明不良的路边，没有任何灯光、警示标志，唐某骑电动车经过时撞上了货车，伤重不治死亡。吸取这起事故的教训，夜间在路边临时停车时应该怎么做？（答案：BCD）

A. 可以随时随地停车　　B. 选择安全的停车地点

C. 开启危险报警闪光灯、示廓灯　　D. 按规定放置警告标志

应用能力篇

类别：道路旅客运输驾驶员从业资格

应用能力考核（时间60分钟、满分100分）分为车辆安全检视（30分钟、50分）、旅客急救（15分钟、20分）、危险源辨识与防御性驾驶（10分钟、20分）、节能驾驶（5分钟、10分）四项，实行减分制。其中，车辆安全检视、旅客急救两项目采用申请人单独操作与考核员提问相结合的方法进行计分考核；危险源辨识与防御性驾驶、节能驾驶两项目采用计算机系统随机抽取案例场景题，申请人进行综合分析判断的方式进行计分考核。考试试题从全国统一题库中抽取。

类别：道路货物运输驾驶员从业资格

应用能力考核（时间40分钟、满分100分）分为车辆安全检视、应急求救、灭火器使用、伤员急救、轮胎更换、禁运物品查验、货物捆绑七项，实行减分制。其中，车辆安全检视（20分钟、60分）为必考项，其他六个项目（每项10分钟、20分）为抽考项（随机抽取六个项目中的两项）。考试项目采用申请人独立操作为主、结合考核员提问的方法进行计分考核。

第八章

车辆安全检视

做好车辆安全检视（包括车辆外观检查、发动机舱检查、驾驶室内部检查、客车车厢检查）有利于及时发现、积极消除安全隐患，确保行车安全。

第一节 车辆外观检查

项　　目	检查内容	检查方法	检查标准和要求
轮胎	气压	胎压计	符合额定气压
	磨损	观察	无裂纹、割痕、夹石等
		深度尺	转向轮胎冠花纹深度不小于3.2mm，其余轮胎不小于1.6mm
	轮毂/制动盘	观察	无损坏、无腐蚀、无变形
	螺栓、半轴螺栓（货车）	检车锤敲击	紧固
横直拉杆及球头	紧固情况	检车锤敲击	无松旷
前桥	各部件	观察	无变形、无裂纹
后桥（货车）	各部件	观察	无变形、无裂纹
车架	车架	观察	无变形
	纵横梁	观察	无裂纹
	铆钉	检车锤敲击	无松动
悬架及U型螺栓（货车）	钢板弹簧片	观察	无断裂、无错位
	中心弹簧和弹簧夹箍	观察	无断裂
	U型螺栓	检车锤敲击	无松动

续表

项　　目	检查内容	检查方法	检查标准和要求
传动轴及万向节（货车）	表面	观察	无裂纹、无松动
	各连接螺栓	检车锤敲击	紧固、连接可靠
储气筒（货车）	各阀门	检车锤敲击	牢固，无松动、无漏气
制动管路（货车）	外露的各制动管路	观察	无裂纹或渗漏
	制动轮缸	观察	无磨损、无渗漏
	右前部制动管路接口	观察	无渗漏
风窗玻璃	表面	观察	清洁、无裂痕
车灯和反光标志	表面	观察	清洁、完好
外后视镜	表面	观察	清洁、完好
	支架	手检	固定
燃油箱	油箱、油管、接头	观察	无凹瘪、无渗漏
	油箱支架固定螺栓	检车锤敲击	紧固
	固定箍带和支架	观察	无断裂、无损坏
行李舱门（客车）	开关情况	手检	正常开启、关闭
备胎	备胎及备胎架	手检、观察	完好
	气压	胎压计	符合额定胎压
号牌	表面	观察	清洁、无遮挡
	支架	手检	牢固、无松动
驾驶室翻转机构（货车）	性能	手检	正常翻转，锁止可靠
车厢栏板（货车）	侧栏板、后栏板	手检	完好、牢固，锁止可靠
后下部防护装置（货车）	防护件	手检、观察	牢固、无裂纹
侧防护装置（货车）	防护件	手检、观察	牢固、无裂纹
牵引车和挂车连接装置（货车）	连接情况	手检	牢固
	安全装置	观察	完好、有效

第二节 发动机舱检查

项　　目	检查内容	检查方法	检查标准和要求
润滑油	泄漏情况	手检、观察	发动机油底壳的接触面、油封、排放塞、机油滤清器无漏油
	液面高度	取出机油尺，将其擦干后插入，重新取出观察机油尺前端的油迹	油迹在上下标线之间偏上位置
冷却液	质量	目测	无杂质
风窗清洗液	液面高度	目测	液面高度在上下标线之间
制动液	质量	目测	无杂质
	液面高度	目测	液面高度在上下标线之间
制动管路	渗漏情况	观察	无裂纹、无渗漏
风扇皮带	松紧度	手检	适当，不过松
	表面	观察	无损伤、无裂纹
传动皮带（货车）	松紧度	手检	松紧正常
	表面	观察	无损伤、无裂纹
蓄电池	外表面	观察	清洁、无液体流出
	桩头	手检、观察	无松动、无腐蚀
	指示灯	观察	指示灯正常（绿色）
高低压线路	高压线	手检	无松脱
	低压线	手检、观察	连接正常

第三节 驾驶室内部检查

项　　目	检查内容	检查方法	检查标准和要求
仪表	各仪表和指示灯显示	接通电源后观察	工作正常
转向盘	自由转动量	左、右轻轻转动转向盘，判断	大小不超过15°
驻车制动器	制动效能	操纵驻车制动器操纵装置	制动有效

续表

项　　目	检查内容	检查方法	检查标准和要求
变速器操纵装置	工作情况	将变速器操纵杆挂入1挡	挡位无阻滞
缓速器操纵装置	工作情况	旋转开关	工作正常
离合器、制动、加速踏板自由行程	离合器踏板	用脚踏下、抬起踏板	符合该车型技术要求
	制动踏板	用手轻轻按压制动踏板	
	加速踏板	用手压下加速踏板至阻滞位置并抬起	
安全带	表面及工作情况	观察、手检	无磨损、损坏，能牢固插入锁扣
内后视镜	表面及位置调节	观察、手检	清洁，调节装置有效
安全设施及装置	警告标志	观察、手检	完好、有效
	灭火器	观察、手检	安放牢固、在有效期内
	安全锤（客车）	观察	在规定位置
车门	开启情况	手检	正常启闭
车内灯	表面，安装，灯光	观察、手检	清洁，牢固，灯光正常

第四节　客车车厢检查※

项　　目	检查内容	检查方法	检查标准和要求
车内灯	表面，安装，灯光	观察、手检	清洁，牢固，灯光正常
行李架	安装情况	手检	牢固、可靠
应急门	工作情况	手检	正常
栏杆	固定情况	手检	牢固可靠
扶手	固定情况	手检	牢固可靠
座椅	固定情况	手检	牢固可靠
地板	干燥、清洁	观察	干燥、清洁

第九章

旅客急救（伤员急救）

对于道路旅客运输驾驶员来说，旅客急救是应用能力考核的必考项。新颁布实施的《道路货物运输驾驶员从业资格考试大纲》在应用能力考核中增加了伤员急救这一抽考项。

第一节　心肺复苏抢救法（必考项）

心肺复苏抢救方法是通过心脏按压和人工呼吸来恢复伤员自主心跳的重要方法。道路运输驾驶员掌握该方法能够为伤员的救助争取更多的时间，增加伤员的生还概率。心肺复苏抢救法的操作顺序、环节和操作方法、要求见下表。

心肺复苏抢救法的操作顺序、环节和操作方法、要求

操作顺序	操作环节	操作方法	操作要求
评估现场环境	评估现场环境	环视四周，确认现场安全	
检查伤员反应	判断伤员意识	轻拍伤员肩部，贴近伤员耳旁大声呼唤	有拍肩、呼唤的动作
	判断有无呼吸	来回扫视伤员面部到胸部，判断有无可见的呼吸运动	有判断呼吸的动作（通过听、感觉等方式判断也可）
	检查脉搏	触摸颈动脉检查伤员脉搏是否存在	有触摸颈动脉的动作 判断快速准确，5～10s完成
胸外按压30次	心肺复苏体位	将伤员置于仰卧位，解开伤员的衣服	转换体位时保持伤员头、颈、脊柱整体移动
		跪于伤员一侧	双膝靠近伤员肩与腰之间
	按压定位及准备	将靠近伤员下肢的那只手的食指、中指并拢，将中指沿伤员的肋弓下缘向上滑行，到达肋骨与胸骨交汇点的身体正中线做定位	定位准确 仅以掌根接触伤员胸壁，手指应该翘起
		将另一只手的掌根平贴放在定位手的食指旁	
		将定位手的掌根紧贴在另一只手的手背上，双手十指相扣	

续表

操作顺序	操作环节	操作方法	操作要求
胸外按压30次	按压	用上身的力量，将伤员胸骨向脊柱方向按压，按压后随即完全放松	上身前倾，双臂必须绷直，肘关节不得弯曲，肩、肘、腕三关节呈一条直线并与伤员的胸壁垂直
		重复按压和放松动作	按压平稳、用力均匀，按压深度至少5 cm，频率至少100次/分钟 放松时掌根不离开胸壁
开放气道	检查伤员口腔内有无异物	如果伤员口腔内有异物，应将伤员的头部转向一侧，将异物清除	
	打开气道	一只手将伤员额头下压，另一只手抬起伤员的下颌，打开气道	一步到位，动作轻柔规范 保证伤员下颌、耳廓之间的连线与地面垂直
人工呼吸	人工呼吸2次	正常吸一口气，用按压前额手的食指和拇指捏闭伤员鼻翼，将嘴张大，并包住伤员的口，将气吹入伤员口中，看到伤员胸廓抬起后停止吹气	有捏闭伤员鼻翼的动作 吹气的同时观察伤员胸部的起伏状况 吹气各2 s，换气1 s，总用时5 s
连续进行5个30:2的按压和吹气周期后，检查伤员的呼吸和脉搏	检查呼吸和脉搏的方法同上	操作方法同上	操作要求同上
	检查伤员的呼吸和脉搏（假设5个周期结束后，伤员恢复自主心跳和呼吸）	宣布心肺复苏成功，将伤员的衣服穿好，置于侧卧位，结束操作	有口头说明心肺复苏成功的动作 有将伤员衣服穿好的动作 有将伤员置于侧卧位的动作

第二节　指压止血法、加压包扎止血法等六项（抽考其中一项）

从理论上讲，六个抽考项被抽中的概率是一样的。考试实践中，由于场地和条件的限制，基本上是绷带包扎法和三角巾包扎法二选一，其他四项被抽中的概率微乎其微。而绷带包扎法中，基本是环形法和蛇形法二选一（环形法概率较大）。

一、绷带包扎法

绷带包扎法包括环形法、蛇形法、螺旋形法、螺旋反折法等，具体包扎方法和操作要求见下表。

绷带包扎法的具体操作方法及操作要求

操　作	适用部位/情况	操作方法/顺序	操作要求
环形法	肢体粗细相同部位，如手腕部	用无菌敷料覆盖伤口	敷料完全覆盖创面
		用左手将绷带固定在敷料上 将绷带打开一端稍作斜状环绕第一圈 将第一圈斜出一角压入环形圈内，环绕第二圈	绷带缠绕方法正确 绷带卷无脱落
		环形缠绕4～5圈，用胶条固定或打结	敷料无外露
蛇形法	夹板固定，如上肢上臂	将绷带按环形法在伤员骨折处缠绕数圈	绷带缠绕方法正确
		按绷带宽度作间隔斜着上缠或下缠，用胶条固定	松紧适度
螺旋形法	肢体粗细相同处，如上肢上臂前段	用敷料覆盖伤员伤口，将绷带按环形法缠绕两圈	缠绕方法正确
		从第3圈开始，上缠时每圈盖住前圈1/3或2/3呈螺旋形，用胶条固定	缠绕方法正确 松紧适度
螺旋反折法	肢体粗细不等处，如上肢前臂中段	用敷料覆盖伤员伤口，先按环形法缠绕两圈	缠绕方法正确
		从第3圈开始，上缠时将每圈绷带反折，盖住前圈1/3或2/3，依次由下往上缠，用胶条固定	缠绕方法正确 松紧适度

二、三角巾包扎法

三角巾包扎法包括普通头部包扎、风帽式头部包扎、普通面部包扎、普通胸部包扎等方式，具体操作方法和操作要求见下表。

三角巾包扎法的具体操作方法和操作要求

操　作	部　位	操作方法/顺序	操作要求
普通头部包扎	头部	用敷料覆盖伤员伤口，将三角巾底边折叠	包扎方法正确
		把三角巾底边放于前额拉到脑后，相交后先打一半结绕至前额打结	打结紧固
		头后部顶角掖入头后部交叉处内	包扎力度适中
风帽式头部包扎	头后部	用敷料覆盖伤员伤口，将三角巾顶角和底边中央各打一结	打结位置正确；敷料覆盖住伤口
		顶角放于额前，底边结放在后脑下方，包住头部	顶角和底边放置位置正确；受伤部位完全包住
		两底角向前拉紧分别向外反折包绕下颌，两底角交叉拉至脑后固定	操作方法正确；敷料无移动、掉落
普通面部包扎	面部	用敷料覆盖伤员伤口，三角巾顶角打结，适当位置剪孔（眼、鼻处）	打结位置正确
		打结处放于头顶处，三角巾罩于面部，剪孔处正好露出眼、鼻	打结位置放置正确；露出眼、鼻
		三角巾左右两角拉到颈后交叉，颈前打结	包扎力度适度
普通胸部包扎	胸部	三角巾折叠成燕尾式置于胸前，夹角约100°，对准胸骨上凹	操作方法正确
		两燕尾角过肩系于背后，燕尾顶角的系带围胸在背后打结；将一燕尾角系带拉紧绕横带后上提，再与另一燕尾角打结	打结位置正确、包扎力度适中

三、指压止血法

指压止血法包括颞动脉压迫止血法、颌外动脉压迫止血法、颈总动脉压迫止血法、锁骨下动脉压迫止血法和肱动脉压迫止血法等，具体的操作方法和操作要求见下表。

指压止血法的具体操作方法和操作要求

操　作	适用的失血部位	操作方法/顺序	操作要求
颞动脉压迫止血法	头顶及颞部动脉	用拇指或食指在伤员耳前正对下颌关节处用力压迫	指压动脉压迫点准确 压迫力度适中，以不出血为准 压迫保持5～10 min 保持伤处肢体抬高
颌外动脉压迫止血法	颜面部	用拇指或食指在伤员下颌角前约半寸外，将动脉血管压于下颌骨上	
颈总动脉压迫止血法	头、颈部大出血	在伤员气管外侧，胸锁乳突肌前缘，将伤侧颈动脉向后压于第五颈椎上，但禁止双侧同时压迫	
锁骨下动脉压迫止血法	腋窝、肩部及上肢	用拇指在伤员锁骨上凹摸到动脉跳动处，其余四指放在病人颈后，以拇指向下内方压向第一肋骨	
肱动脉压迫止血法	手、前臂及上臂下部	在伤员上臂的前面或后面，用拇指或四指压迫上臂内侧动脉血管	

四、加压包扎止血法和加垫屈肢止血法

加压包扎止血法和加垫屈肢止血法的操作方法和操作要求见下表。

加压包扎止血法和加垫屈肢止血法的操作方法和操作要求

操　作	适用的失血部位	操作顺序/方法	操作要求
加压包扎止血法	小动脉、静脉及毛细血管出血，如上肢部位	让伤员抬高上肢，检查伤口有无异物	动作轻柔，顺序正确
		消毒纱布用作敷料覆盖伤口	敷料要完全盖住伤口
		用棉花团、纱布卷或绷带、三角巾等加压包扎	选择加压材料正确 加压力度适中 敷料无外露
		检查加压包扎后的血液循环情况	血液循环正常
加垫屈肢止血法	上肢或小腿出血，如上肢上臂	判断有无骨折或关节损伤	动作轻柔
		在腋窝处放纱布、毛巾或棉花团等作为垫子	垫子要硬度、大小合适
		前臂屈曲胸前，用绷带或三角巾将上臂固定	绷带或三角巾捆绑力度适中；绷带或三角巾无脱落

五、骨折固定法

骨折固定法包括肱骨骨折固定法、大腿骨折固定法和脊柱骨折固定法等，具体的操作方法和操作要求见下表。

骨折固定法的具体操作方法和操作要求

骨折固定法	部　位	操作方法/顺序	操作要求
肱骨骨折固定法	肱骨	伤者手臂呈屈肘状，用两块夹板固定骨折处，夹板一块放置外侧，一块放置内侧	有出血时先处理止血和包扎伤口
		用绷带固定夹板两端	固定位置正确
		将三角巾的一端底角从前臂与前胸之间穿过，将上端拉到健康侧颈部，再从颈后部绕到受伤侧颈前	三角巾操作方法正确
		将三角巾的另一端底角拉起，覆盖前臂，在伤侧锁骨凹陷处与另一端打结	三角巾操作方法正确
大腿骨折固定法	大腿	将伤者受伤大腿拉直，轻轻与健康肢并拢	动作轻柔
		两腿之间放置软垫，两块夹板放于大腿内、外侧	软垫放置位置正确 夹板位置正确
		用8字包扎法固定踝关节	包扎方法正确
		再用宽带依次对双膝、骨折处上下方进行捆绑	绑缚力度适中，松紧适度，位置正确
脊柱骨折固定法	脊柱	在伤员躯体的自然空隙处，如颈部、腰部等及身旁放置软垫，并固定伤员的下肢	不可随意移动伤员
		用双手固定伤员头、颈部	稳固可靠

车辆安全检视

心肺复苏抢救法

普通头部包扎法

环形包扎法

第十章

货运抽考项：应急求救、灭火器使用等*

新颁布实施的《道路货物运输驾驶员从业资格考试大纲》在应用能力考核中除了增加伤员急救这一抽考项，还增加了应急求救、灭火器使用、轮胎更换、禁运物品查验、货物捆绑五个抽考项目。

轮胎更换是原来的必考项，前期抽中的概率较大。随着考场建设和完善，将实现正常随机抽考。不过也不必担心，新增的抽考项目都比较简单，都是一些基础操作。

第一节 应急求救

近年来屡屡发生因驾驶员应急处置不当导致的严重交通事故，尤其是最近的“兰州收费站特大交通事故”，反映出驾驶员应急处置操作能力的薄弱，强化对驾驶员应急处置能力的实操考核，有利于引导驾驶员系统学习应急处置知识，增强应急处置能力。

一、考核内容

模拟事故现场拨打救援电话、告知事故地点、描述事故情况（包括事故性质、搭乘人数、人员伤亡情况）。

二、评分标准

（1）不能正确拨打救援电话的扣8分；

（2）不能正确告知事故准确地点的扣8分；

（3）不能详细说明事故情况的扣4分。

三、操作方法、操作要求

主要围绕拨打救援电话、告知事故准确地点、详细说明事故情况这三个核心要点展开应急求救。具体的操作方法和操作要求见下表。

应急求救的具体操作方法和操作要求

考核步骤及内容	操作方法/顺序	操作要求	备注
考核员预设场景	仔细聆听	站好、身体前倾、表达尊重	事故报告程序见下图
	记住要点	牢记事故地点、事故性质	
	组织语言	语言简练、逻辑清晰	
拨打救援电话	拿出手提电话	动作迅速、不拖泥带水	标准话术："现在拨打××电话×××"，常见电话见下表
	正确拨打电话	做动作的同时辅以语言说明	
	准备通话	手机靠近耳旁、做倾听状	
告知事故地点	准确报出事故地点	与考核员描述一致、准确无误	"您好！××省××市××路段发生交通事故"
	附上标志建筑物，方便确认位置	与考核员描述一致、准确无误	"××方位××米是××建筑"
	重复、确认	重复一遍、前后描述一致	"位置是××"，"是的，我确定"
详细说明事故情况	说明事故性质	与考核员描述一致、准确无误	"这起事故造成较小财产损失/较大财产损失/人员伤亡"
	准确报出搭乘人数	与考核员描述一致、准确无误	"车上除我之外，还有×人，对方车上有×人"
	描述人员伤亡情况	与考核员描述一致、准确无误	"现场死亡×人，重伤×人，轻伤×人"

事故的报告程序：

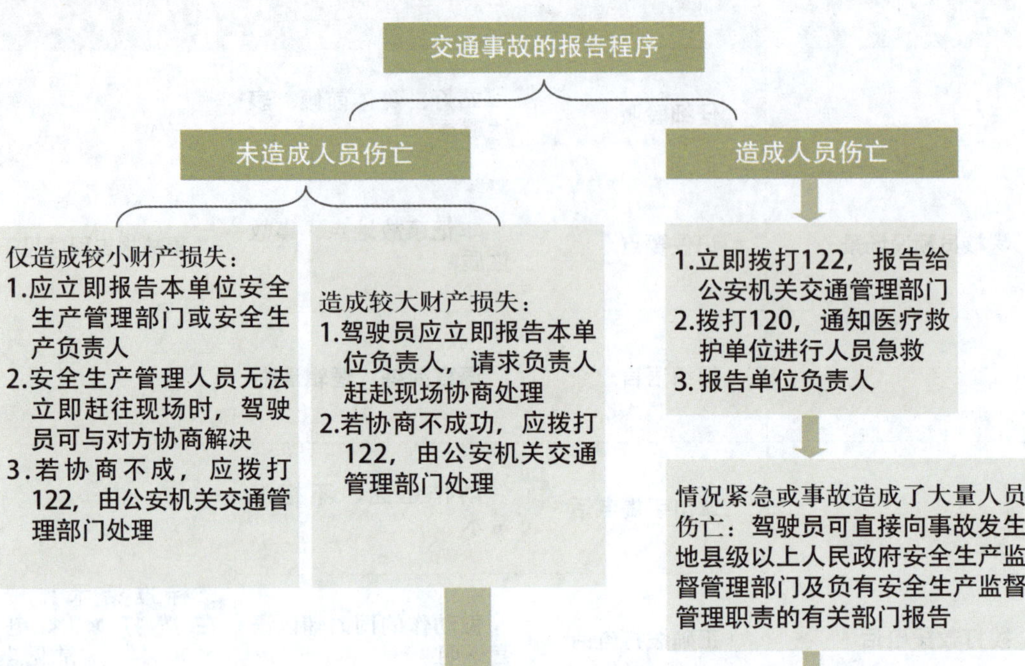

救援电话及号码

匪警	110	火警	119	医务急救	120/999
道路事故报警	122	安全管理人	××	单位负责人	××

第二节 灭火器使用

车载灭火器很常见，却很少有机会能派上用场。这导致很多人把它当成了摆设。车载灭火器开启后连续喷射的时间只有十几秒。因此它只能用来扑灭小火，或者控制火情。

一、考核内容

模拟拔出保险销，一手握压把一手拿喷管，按下压把、对准火焰根部喷射。（为了节约耗材，考场灭火器可能失效，动作到位即可）

二、评分标准

（1）不能正确拔掉灭火器保险销的扣8分；

（2）握持灭火器方式不对的扣8分；

（3）喷射位置不正确的扣4分。

三、操作方法、操作要求

灭火器的使用主要包含拔掉灭火器保险销、正确握持灭火器、找准喷射位置这三个关键步骤。灭火器的操作方法和操作要求见下表。

灭火器的操作方法和操作要求

<table>
<tr><th>考核步骤及内容</th><th>操作方法/操作要求</th><th>图例</th></tr>
<tr><td rowspan="3">拔掉灭火器保险销</td><td>右手提灭火器到现场</td><td></td></tr>
<tr><td>除掉铅封</td><td></td></tr>
<tr><td>拔掉保险销</td><td>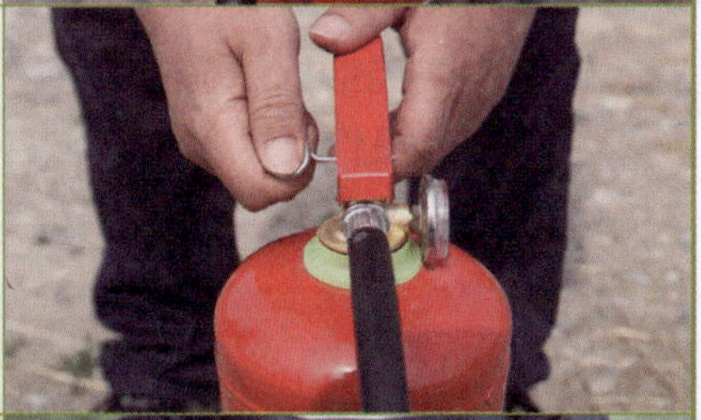</td></tr>
<tr><td>正确握持灭火器</td><td>左手握喷管，右手提压把</td><td></td></tr>
<tr><td rowspan="2">找准喷射位置</td><td>站在距离火焰两米的地方</td><td rowspan="2"></td></tr>
<tr><td>右手用力压下压把，左手拿着喷管对准火焰根部喷射</td></tr>
</table>

第三节　轮胎更换

轮胎是易耗品，是有使用寿命的。驾驶员不仅要做到确保轮胎在使用过程中安全可靠，而且要掌握轮胎更换的正确操作方法。

一、考核内容

后轮外侧轮胎的拆卸、安装及千斤顶使用。

二、评分标准

（1）不能正确放置警告标志的扣10分；
（2）不能正确使用千斤顶的扣20分；
（3）不能对角紧固轮胎螺母的扣10分；
（4）轮胎螺母安装未紧固牢靠的扣20分；
（5）步骤顺序不对的每次扣2分；
（6）每缺少一个步骤的扣4分；
（7）“轮胎气压符合标准”“两个气门嘴成180°”“内外轮胎通风口对齐”“螺母斜面与轮胎斜面紧密结合”，每少说出一项扣2分。

三、操作方法、操作要求

轮胎更换包括拆卸前的准备、拆卸轮胎、安装备胎和安装后的收尾工作，具体的操作步骤、顺序及操作要求见下表。

轮胎更换的操作步骤、顺序及操作要求

考核步骤及内容	操作顺序	操作工具	操作要求
拆卸前的准备	放置警告标志牌	警告标志牌	距离车后部为50～100m
	检查气压值	胎压计	测量方法正确，读数准确
	前轮加固	止轮器	放置位置正确
	拆卸备胎	拆卸工具	测量备胎气压，读出气压值
拆卸轮胎	旋松后轮外侧轮胎螺母	套筒扳手	正确旋松轮胎螺母
	固定要拆卸轮胎	两个止轮器	轮胎固定牢靠
	支顶车体	千斤顶	将千斤顶座板支顶在被支撑件的中心位置

续表

考核步骤及内容	操作顺序	操作工具	操作要求
拆卸轮胎	顶起车身	千斤顶	将车身顶起离地2～3cm
	卸下轮胎	套筒扳手	卸掉轮胎螺母，卸下轮胎安全放置
安装备胎	装上备胎	撬棒	两轮毂通风口应对准，两胎气门嘴对称排列，按180°分开
	紧固轮胎螺母	套筒扳手	按对角旋紧螺母，其斜面与轮辋斜面紧密结合
	车身落地	千斤顶	缓慢放下千斤顶
	紧固轮胎螺母	套筒扳手	按顺时针方向逐一将螺母紧固一遍
安装后收尾	固定轮胎，收回警告标志牌	备胎拆卸工具	将换下的轮胎放入备胎架内固定牢靠，收好警告标志牌

第四节　禁运物品查验

近年来经常出现普通货物运输违规运输违禁物品，结果导致非常严重的爆炸、燃烧等意外事故，所以从源头上控制违禁物品上车也是保证道路运输安全的重要一环。

一、考核内容

检查货物包装（至少设置两个，一个包装破损，一个贴有危险品标志），准确判断能否承运，并说明原因。

二、评分标准

（1）不能正确判断能否承运的每次扣5分；

（2）不能说出能否承运原因的每次扣5分。

三、操作方法、操作要求

考核员在现场随机抽取一个货物包装，操作者根据所学知识判断该货物能否承运。具体操作方法和操作要求见下表。

禁运物品查验的具体操作方法和操作要求

考核步骤及内容	操作方法/顺序	操作要求	备注
抽取货物包装	考核员在现场随机抽取一个货物包装，也可用手势指定一个货物包装	不带预设前提，随机抽取	所有货物包装中，至少设置有两个不能承运
即位	操作者站立于指定位置	站好、身体前倾	做好开始操作的准备
检查	操作者观察、检查货物包装	观察、手检	要细心、用心
判断	准确判断该货物能否承运	语言简练、逻辑清晰	“因为该货物包装破损/贴有危险品标志，根据相关规定，驾驶员应拒绝承运”
重复以上步骤，直至该项考核结束			

第五节 货物捆绑

保证货物完好是评价运输服务质量的重要标准之一，如果货物捆绑不牢固，运输中出现货撒、货损，不但影响交通安全，驾驶员还要承担赔偿责任，也会影响道路运输行业的整体服务质量。

一、考核内容

使用货物捆扎带，采用横（纵）向下压捆绑的方法捆绑加固货物。

二、评分标准

（1）不能正确捆绑货物的扣20分；

（2）造成货物破损的扣8分；

（3）不能正确使用捆绑工具的扣10分。

三、操作方法、操作要求

横（纵）向下压捆绑是将捆绑带从货物的一侧绕过货物到另一侧的捆绑方式。这种捆绑方式在货物装载中很常用，方法较为简便。它是借助绳索捆绑货物，增加

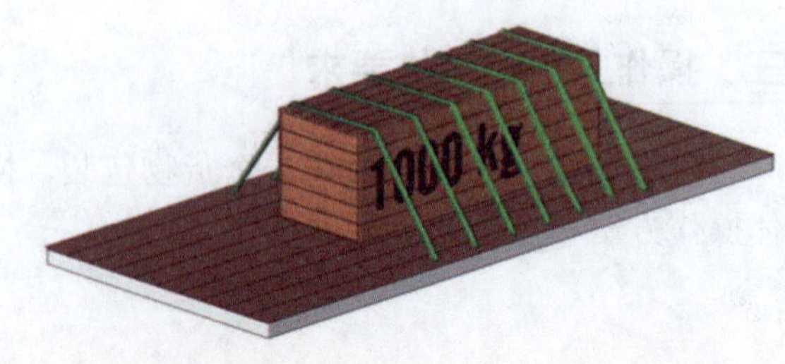

货物与货车底板的摩擦力，借以固定并防止货物滑动。具体操作方法和操作要求见下表。

货物捆绑的具体操作方法和操作要求

考核步骤及内容	操作方法/顺序	操作要求	备注
即位	操作者站立于工作台指定位置	站好、身体前倾	做好开启操作的准备
操作捆绑带，捆绑货物（见下图）	将捆绑带的钩子，勾在固定物体（工作台）上	拉紧捆绑带的过程中应注意调整并固定其位置； 捆绑带应无打结、扭曲； 捆绑带应起到充分捆扎、固定货物的作用，最佳捆绑角度是90°，即垂直下压	各地考试用的捆绑带各不相同，教材以带钩捆绑带为例，仅供参考
	将捆绑带另一头从拉紧器中轴孔内穿入，再从孔上穿出		
	将捆绑带拉紧（松紧度5cm即可）		
	沿手柄方向扣起保险栓，后来回摇动手柄		
系固检查	检查捆绑压力是否平均分布	观察、手检	系固充分、货物无明显位移或翻倒的可能
	检查捆绑带角度是否合适		
	检查捆绑带工况是否良好且没有缺陷		
	检查确保没有损坏货物		
总结	操作完成后做总结性发言	语言简练、逻辑清晰	“货物已经捆绑牢固，请您核查”

应急求救

灭火器使用

禁运物品查验

货物捆绑

轮胎更换

捆绑带捆绑详解

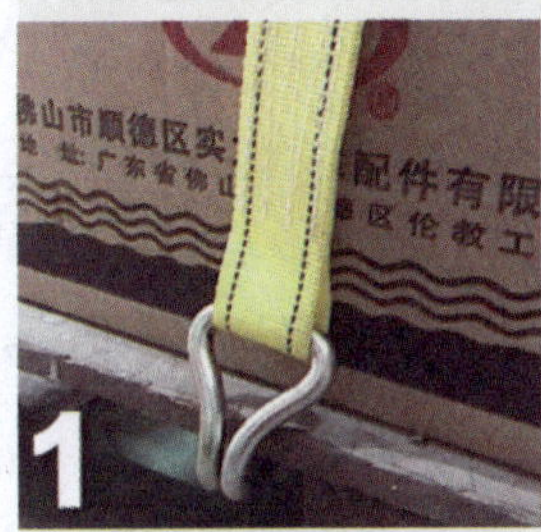
将绑带的勾勾在货物一端

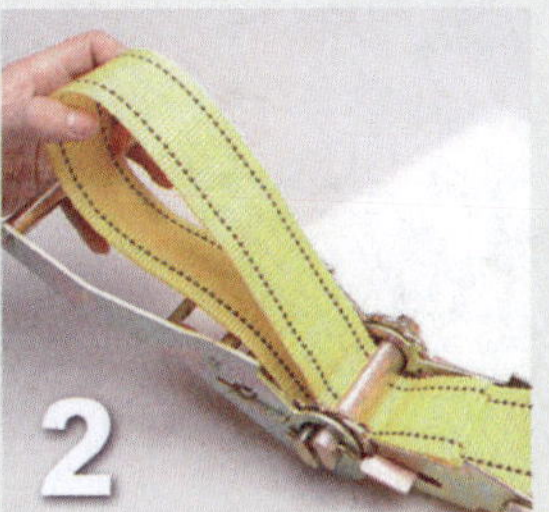
另一端穿入拉紧器棘轮中孔

向前扳动，进行收绳动作

反复转动卡扣便可以绑紧了

应试攻略篇

很多人考试不是失败在学识和技术上，而是输在心理素质上。有的人平时学得很扎实，一到考试就紧张，没自信，频频失误导致考试不过关。

不妨准备一个错题本，把每一道容易答错的题目记下来，每隔一段时间看一下、再做一遍，争取不要再犯类似错误（很多考试App有这个功能，要善于运用）。努力提升自己的知识、技能积累，若你的知识、技能掌握足够熟练，考试紧张的情况就会得到一定舒解。与朋友、考友沟通交流心得，询问他们是怎样克服考试心理紧张问题的，树立自信心，必要的时候也可以通过适当运动来缓解自己的紧张情绪。

考试仅仅代表你的一次尝试，并不能决定你的一生，只要你的知识、技能掌握足够牢固，你的成绩和努力都会证明你自己，所以考试的时候其实没什么好紧张。当你做好了充足的考前准备，也善于运用一些应试技巧，就能放下包袱，满怀自信迎接考试。

扫一扫，在线模拟考试

第十一章

备考、考试流程与合格标准

不打无准备之仗，每次作战要有必要的准备。这是毛泽东归纳的作战指导思想之一。其实考试也是一样。把必备条件全部都准备好，熟悉考试流程和合格标准，考试就能得心应手。

第一节 考前准备

理论/基本知识考试科目的特点是内容多、内容细，需要大量地记忆，但不能机械性地死记硬背，需要适当地做题巩固学习效果，查漏补缺。应用能力考核则需要熟悉操作流程，辅以大量的实操练习。我们整理了从业资格考试考前备考攻略，非常适合入门考生。它可以帮助你慢慢适应备考的节奏，顺利完成考试。

一、熟读教材

一本好的教材，对通过考试可以起到事半功倍的效果。这本教材紧扣“大纲”，90%以上的内容为考试必考内容。做题的目的就是熟悉、理解、掌握教材的内容，考试也是把教材的内容换个形式来考查大家。所以应先将教材熟读透了再去做题，一是节省时间，二是做题顺畅。

注意：因为考试题型的特点，我们在阅读教材时，不用过于追求细节，粗读即可，很多内容没有必要全部记住，只需要“脸熟”就足够了。

二、勤做考题

手机上模拟考试的App很多，就不一一介绍了。教材配套的公众号上也有模拟考试。章节练习题、模拟试题都要做，题不在多，而在于精，做一道题有一道题的收获才是目的。答对了一道题，说明对这个知识点掌握好了，那么在以后的复习中可以跳过这个知识点。答错了一道题，说明还没掌握该知识点，需要再做一遍，甚至几遍。考前一两天再针对错题进行强化记忆，效果最佳。

三、及时总结

看书和做题并不是孤立的，二者相互促进，不存在时间分配的矛盾。把教材的内容掌握之后就应该开始做题，出现错误时再回过头来有针对性地看书，目的是通过做题将所考查的知识点掌握扎实。

对于做错的题目一定要引起重视，尤其要重视类似题目多次出错的情况。要学会总结这类题的特点，容易错在哪里，如何通过一些方法来强化记忆，避免自己再次犯错。

四、经常复习

学习过的知识点可能会遗忘，要想把知识点精确牢固地留在记忆中，最有效的方法就是及时、经常地复习。复习不仅能巩固记忆，而且在复习中，通过思考和理解可获得新的认识和体会，达到“温故而知新”的目的。

有计划的复习、多参与交流，积极做好备考工作。如果你是集体报名的，可以找一同考试的同事交流；如果是个人报名的，也可以在培训班上寻找考友交流。有条件的话，多听听前辈的考试经验之谈，是很有益处的，可以少走很多弯路。

五、饮食作息与情绪调节

考前需要好好调整饮食与作息时间。吃得清淡些，早睡早起，睡前不要做任何与考试无关的活动，特别是如打游戏、看电视等，免得第二天脑子里都是这些东西。睡前可以听点轻音乐等，对于镇定心灵，安稳睡觉很有好处。

第二节　考试流程与应试技巧

下面简单介绍考试流程和一些应试通用技巧，因各地考试组织有差异，实际以考生所在考场公布的考试流程为准。

一、考试流程

因考试时间紧凑、考试场地人员条件有限，通常理论/基本知识考试和应用能力考核是分组之后交叉进行的。

1. 道路旅客运输驾驶员从业资格考试流程

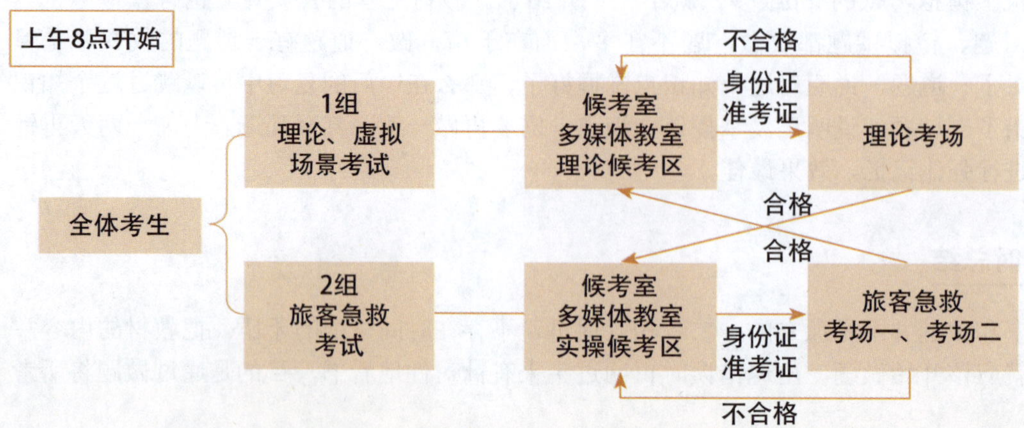

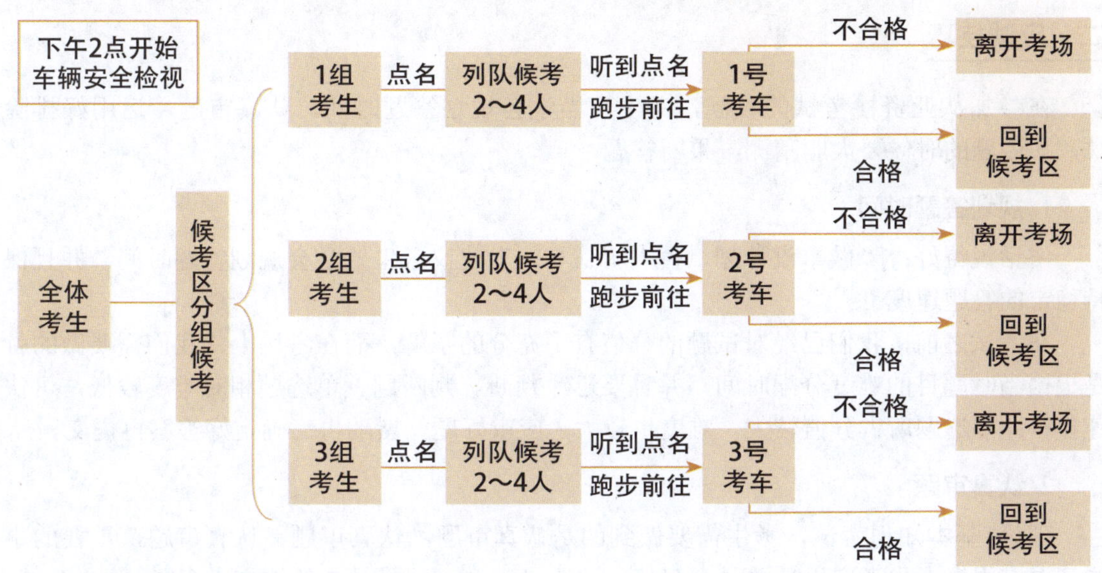

2. 道路货物运输驾驶员从业资格考试流程

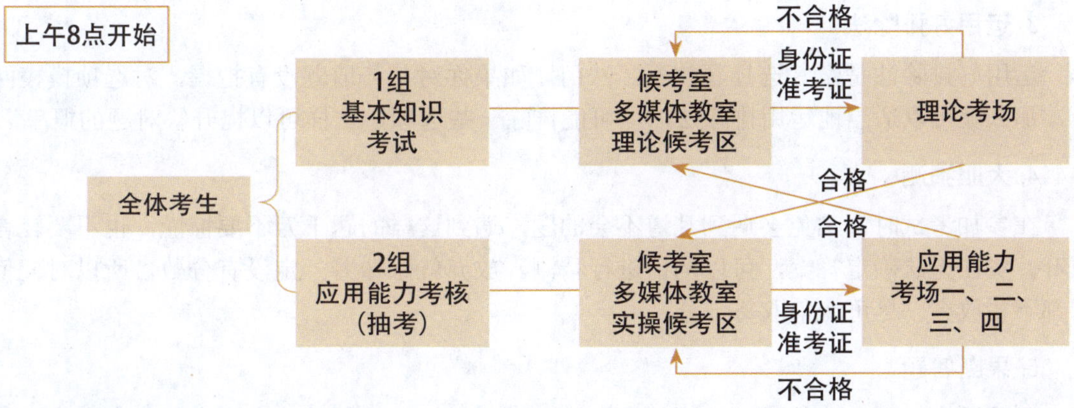

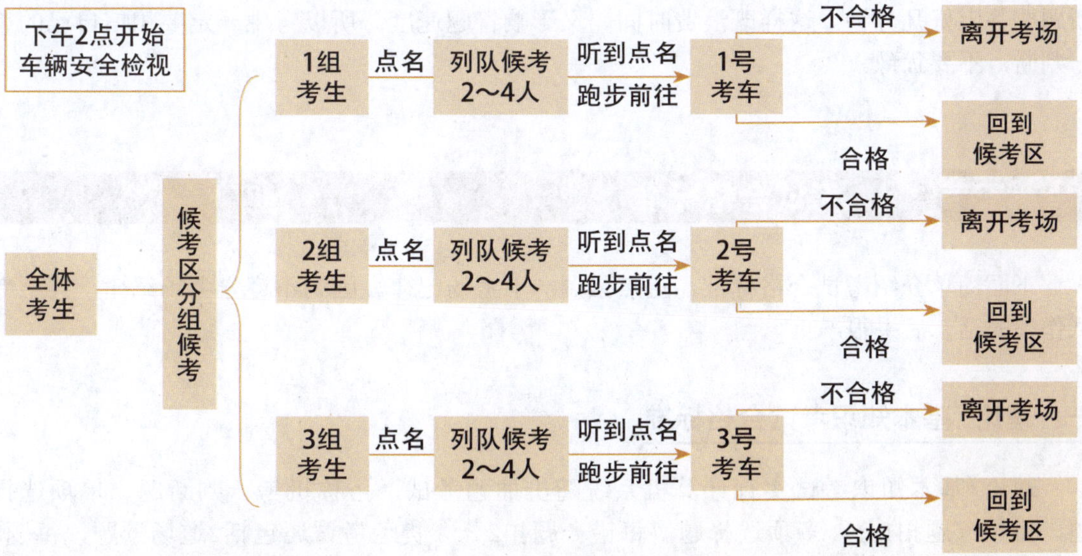

上午8点开始

全体考生 → 1组 基本知识考试 → 候考室 多媒体教室 理论候考区 →（身份证 准考证）→ 理论考场

理论考场：不合格 → 候考室 多媒体教室 理论候考区；合格 → 候考室 多媒体教室 实操候考区

全体考生 → 2组 应用能力考核（抽考）→ 候考室 多媒体教室 实操候考区 →（身份证 准考证）→ 应用能力考场一、二、三、四

应用能力考场一、二、三、四：不合格 → 候考室 多媒体教室 实操候考区；合格 → 候考室 多媒体教室 理论候考区

下午2点开始
车辆安全检视

全体考生 → 候考区分组候考

1组考生 → 点名 → 列队候考2～4人 → 听到点名 跑步前往 → 1号考车 → 不合格：离开考场；合格：回到候考区

2组考生 → 点名 → 列队候考2～4人 → 听到点名 跑步前往 → 2号考车 → 不合格：离开考场；合格：回到候考区

3组考生 → 点名 → 列队候考2～4人 → 听到点名 跑步前往 → 3号考车 → 不合格：离开考场；合格：回到候考区

二、应试技巧

在参加从业资格考试的时候，考生应当学会规划答题时间，认真审题，运用好排除法，在做题的时候要大胆猜测，果断答题。

1. 规划答题时间

俗话说得好："做事没计划，盲人骑瞎马。"建议考生要学会规划答题时间，并且保持稳定的答题速度。

在考试之前，我们已经对试题的分值有了充分的了解，而在考场上，我们需要做的就是根据当时题目的难度分配时间，并且要迅速判断。判断题、单选题相对难度较低，可快速作答；多选题所占分值较大，难度也较大，应审好题，斟酌再三确定好答案再提交。

2. 认真审题

理论/基本知识考试，考生需要做到的是认真审题，认真审题，认真审题，重要的事说三遍。很多考生考完以后总是会叹气："不是不会，而是马虎的地方太多了。"

出现这种现象的原因归根结底是没有认真看题目的要求，一味追求速度。其实只要我们静下心来，认真审题，看清题干，按照题目的要求答题，就会大大降低错误的概率。

3. 运用好排除法

运用好排除法是做好选择题的不二法门。如果你对某一道题没有把握，对选项模棱两可，那么就可以适当地运用排除法，尽可能排除一些选项，这样可以提升答对题的概率。

4. 大胆猜测

在参加考试时，难免会遇到几道不会的题，遇到这样的题千万不要惊慌，也不要轻言放弃。实在无法确定答案，可以酌情进行猜测。放弃就意味着一定没有分数，所以对任何题都不要放弃，尽可能争取每一分。

5. 果断答题

判断题中只要有一处错，该题就会全错，道理很简单。但是总有人会想很多，一道判断题要答上好几分钟。这样既浪费时间，又影响答题速度。所以考生一定要相信自己的第一判断，不要犹豫。

第三节 考试合格标准

下面简单介绍考试合格标准，重点强调一下考场纪律。因为不遵守考场纪律，甚至考试作弊的话，后果很严重。

一、理论/基本知识考试合格标准

理论/基本知识考试实行计算机系统随机抽题考试，俗称机考。判断题、单项选择题，每错一题扣1分；多项选择题，每错一题扣2分（货运考试还包括2道场景题，每题5

分）。

每次考试每位考生都有一次补考机会，要好好把握。从过往经验来看，决定客运考试能否顺利通过的往往是多选题，一方面是运气成分，另一方面是要把时间分配好，重点做好多选题，确保准确率。货运考试题库是公开的，只有500道题，难度不是很大。关键是做好2道场景题（不公开），确保不丢分。

二、应用能力考核合格标准

应用能力考核每个细分项目的评分标准前文都详细罗列出来了，应用能力考核满分为100分，实行减分制，成绩需达到80分及以上为合格。也就是说，所有考试项目扣分不能超过20分，否则就是考试不合格。

三、考场纪律

考生应在考前20分钟到达指定候考区排队候考，听从工作人员安排，有秩序地进入考场；迟到30分钟及以上的学员，不得进入考场。

考生候考时，应在自己座位就座候考；未经工作人员允许，不得在考试区域随意走动；考生如有疑问，须举手示意，须保持候考区、待考区肃静。

考生凭身份证、准考证入场，并将证件放在桌面左上角备查；考生携带的与考试无关物品，必须放在工作人员指定的位置。考生要尊重工作人员，服从安排和调动，在指定考位参加考试。

考试时严禁翻阅参考资料，不能交头接耳，不得以传纸条、旁窥、提示或打手势等方式传接信息。考生未经工作人员允许，不得擅自离开考位或考场，考试完成后，不得再次进入考场或在考场附近逗留、喧哗。

禁止他人冒名顶替或顶替他人参加考试，禁止任何形式的考试舞弊行为，考试舞弊作假的考生，当次所有科目成绩无效，情节严重的，一年内不得再次参加考试。未经工作人员同意，不允许任何人在考场内拍照、录像。拒不服从工作人员指挥、故意违反考试纪律、扰乱考试秩序的考生，取消本次考试资格，并通报其工作单位。

第十二章

理论/基本知识考试

考生在候考区听到点名后，带上身份证、准考证，即可进入考场对号入座。将证件放在桌面左上角备查，坐稳当后用鼠标双击电脑桌面上的"××考试系统"图标，打开登录界面，输入用户名（用户名通常是考生准考证号），密码（密码通常是身份证号后六位），点击登录按钮进入考试页面，便可开始理论/基本知识考试。

第一节 出题思路与逻辑

透过官方在编制考试题库时的出题思路与逻辑，我们可以对考题的设置、分布、难度等有更深刻的认知，有利于顺利答题。

一、理论考试※

客运方面，理论考试主要注重对职业道德、法律法规、客运知识、安全行车、汽车使用技术、节能减排等方面知识的全面考查。

（1）强调了驾驶员的社会责任，重点突出了驾驶员社会责任与职业道德的重要性。

（2）在法律法规方面考查《中华人民共和国安全生产法》《中华人民共和国道路交通安全法》等法律法规的内容，在出题逻辑上从驾驶员角度强调了相关条款的内涵、要求和内在的知识，体现以人为本的理念。

（3）安全意识与安全行车知识方面，突出"安全、文明行车意识"的考试要点，包括"危险源识别"和"防御性驾驶"的新理念和新内容。

（4）随着汽车制造水平和研发技术的提高，客运汽车已广泛采用各种新材料、新工艺、新燃料等新技术，有必要让客运驾驶员及时了解和掌握这些新知识。

（5）把节能环保放在更加突出的位置，在理论考试中突出节能环保驾驶知识，将"道路运输车辆燃料消耗量检测"等内容纳入考试要点。

二、基本知识考试*

货运方面，将理论考试改为基本知识考试，对原有货运题库进行了修订，从原来的近2000道题精简为500道题，并向社会公开。

（1）通过修改题干描述、选项设置与表述等措施，大大降低了判断题、单选题、多选题的考试难度。

（2）增加第四种题型“场景题”，考题数量从90题精简为67题。允许有条件的地方组织编制地方题库，考分占总分值10%，再加上“场景题”的10分，有20分的考题不公开，考生不参加培训，只在网络平台“刷题”通过考试还是难度很大的。

1 题库公开，普及应知应会知识，不设置障碍难倒考生

2 梳理原题库考题，精选和重新编写考题，编制新的题库

3 考查罚款数额的题目一律删除，有争议的题目一律删除

4 从严审查题目的题干和选项，排除有歧义的表述和干扰选项

（3）加强道路运输法律法规知识考核，增加了《中华人民共和国反恐怖主义法》《中华人民共和国劳动法》《中华人民共和国劳动合同法》《道路运输车辆技术管理规定》《危险化学品安全管理条例》《道路危险货物运输管理规定》等法律法规。

（4）增加对道路运输标准知识的考核，引导驾驶员树立学习遵守标准的意识，实现道路运输生产和服务的标准化。增加的国标、行标有：《机动车运行安全技术条件》（GB 7258—2017）、《汽车、挂车及汽车列车外廓尺寸、轴荷及质量限值》（GB 1589—2016）、《道路运输车辆综合性能要求和检验方法》（GB 18565—2016）、《道路客货运输驾驶员行车操作规范》（JT/T 1134—2017）、《零担货物道路运输服务规范》（JT/T 620—2018）等。

（5）通过比对、筛查，删除了法律法规中《道路交通安全法》及其实施条例对应的考题。

（6）增加了“驾驶员职业健康”方面的考点，设置“驾驶员生理健康和职业病预防”方面的考题。从以人为本的角度出发，引导从业人员关注、保障自己的身体健康。

（7）从驾驶员的职责定位出发，增加道路运输安全生产方面的知识考核，包括对道路货物运输安全驾驶、应急处置等安全生产专业知识进行考核。同时增加事故案例分析，综合考查考生的分析判断能力和对本职业专业知识的掌握程度。

（8）增加了一些重要考点。如《中华人民共和国反恐怖主义法》关于安全查验、运输追踪监控等相关规定，危险货物道路运输禁止、限定、豁免等相关知识，驾驶员投诉与维权的相关知识，罐式货车、汽车列车等重载货车的安全操作要求，等等。

第二节 提高准确率的方法

考试提高准确率的方法其实很简单，只不过大多数人都没有放在心上一会的快速作答，不会的推论一番后再答。就这么简单！下面就来看看这些最简单但却很有效的方法究竟怎么用。

一、找茬法

方法介绍：

根据常识和自己掌握的知识，千方百计查找题干描述中的错误、纰漏、不当之处，即可进行快速判断，此法尤其适用于判断题的作答。

实例：

1. 小董认为没有违章记录，就达到了职业道德的要求。

答案：错误。道路运输驾驶员的职业行为要求不仅包括遵章守法，还包括依法经营、诚实信用、公平竞争、优质服务和规范操作。

2. 出车前的车辆检查是客运站检查人员的事，与驾驶员无关，这种想法符合岗位职责要求。

答案：错误。驾驶员应切实做好出车前、行车中、收车后的日常维护和车辆检查，提前发现隐患，防患于未然，避免行车中发生事故。

3. 如果在运输过程中造成旅客人身伤亡，且没有约定赔偿数额，应参照国家有关航空旅客运输赔偿责任限额的规定办理。

答案：错误。要参照也应该是参照铁路旅客运输赔偿，航空旅客运输赔偿数额巨大，明显不具有可操作性。

4. 行包须凭有效客票托运，可以超越客票的有效行程和规定的质量。

答案：错误。这道题根据常识就可以判断不可行，尤其是超越客票规定的质量。

5. 承运人提高服务标准时可以加收票款。

答案：错误。很显然不可行，要是赚钱有这么容易就好了。

6. 赵师傅认为完成运输生产任务，保证班车准时正点，比安全文明行车更重要。

答案：错误。从C照考到A照，接触最多的就是安全文明行车了，没有什么会比它更重要。

7. 驾驶客车频繁超车不会增大发生交通事故的风险。

答案：错误。根据常识就可判断，这纯粹是一道送分题。

8. 驾驶客车在高速公路行驶时，经常会发生高估车速的现象。

答案：错误。关键在于是会“高估”还是会“低估”，长时间高速行车，对速度的感知会变弱，会发生低估车速的现象（越开越快）。

二、落锤法

方法介绍：

根据题干描述，只要认准了一个选项肯定是正确的，就果断选择它。这样既省时又省力，也能避免其他选项的干扰。此法尤其适用于单选题的作答。

实例：

1. 客运驾驶员在运输中遇到道路交通拥堵，不能及时到达目的地时，应该：

A. 穿插抢行　　B. 坚持安全、文明行车　　C. 随意改变行驶路线

答案：B。遇到交通拥堵时应耐心等待，坚持安全、文明行车，不应穿插抢行，也不应随意改变行驶路线，A、C选项错误。所以选B。

2. 为了保证行车安全，客运驾驶员行车时要做到：

A. 宽容忍让　　B. 有理不让无理　　C. 有理必争

答案：A。驾驶员应以安全为先，做到宽容忍让，有理让无理，不与旅客、其他交通参与者争一时之意气。所以选A。

3. 旅客坚持携带下列哪种物品时，你可以拒绝让其上车？

A. 书籍　　B. 油漆　　C. 棉被

答案：B。初看选项A，这个肯定是允许旅客携带的，再看选项B，油漆是易燃品，旅客坚持携带是可以拒绝让其上车的，果断选B。

4. 为了满足旅客希望受到尊重的心理需求，运输过程中应该：

A. 提醒旅客下车时携带好行李

B. 对行李较多的旅客面含不满

C. 催促旅客快速上下车

答案：A。看完选项A，没有任何问题，果断选A。

5. 行驶中遇发动机突然熄火，如果不及时靠边停车易导致：

A. 被后车追尾　　B. 车辆起火　　C. 轮胎爆胎

答案：A。看完选项A，前车突然熄火，不及时靠边停车，容易导致被后车追尾，正确，果断选A。

三、排除法

方法介绍：

排除法是考试中常用到的作出正确选择的方法，依据类比对比及可行性进行的判断对选项进行逐个排除。适用于不太确定正确答案的单选题、多选题。

基本步骤：（1）先找出互相排斥的选项（此对彼错）；(2)通过推理判断、仔细斟酌，确定正确的选项，即排除正确选项之外的其他选项。

实例：

1. 下列哪些做法说明客运驾驶员具有“安全第一、珍爱生命”的理念？

A. 严格执行安全告知制度　　B. 要求旅客系好安全带

C. 旅客携带危险品时拒绝运输　　D. 驾驶中与乘务员闲谈

答案：ABC。驾驶中与乘务员闲谈容易分散注意力，很可能使整车乘客的生命陷于危险，这是极其不负责任的做法，D选项错误。所以选ABC。

2. 下列哪些做法体现了客运驾驶员良好的职业道德？

A. 遇道路拥堵时耐心跟车　　B. 旅客无理取闹时耐心解释

C. 遇车辆发生故障时坚持驾驶　　D. 遇占道行驶车辆时逼迫对方让路

答案：AB。车辆故障时应及时处理，以免造成无法挽回的后果，C选项错误。遇占道行驶车辆时应礼让对方先行，D选项错误。所以选AB。

3. 下列哪些做法体现了规范操作的要求？

A. 遇红灯提前减速停车　　B. 做好出车前的车辆维护

C. 频繁变更车道、超车　　D. 行车前系好安全带

答案：ABD。驾驶员不能频繁变更车道和超车，这样既不安全，又增加油耗，C选项错误。所以选ABD。

4. 驾驶客车通过图中所示的铁路道口时，应该：

A. 提前换低速挡　　　　　　　　B. 道口内减挡

C. 低速平稳通过　　　　　　　　D. 加速通过

答案：AC。选项AB互斥，选项CD互斥，通过铁路道口，应提前换提速挡，缓慢通过，选AC，排除BD选项。

5. 在事故现场抢救伤员时，应该：

A. 先治伤后救命　　B. 先救命后治伤　　C. 先处理死者

答案：B。选项ABC三者互斥，抢救伤员时肯定是先救命要紧，选B，排除AC选项。

第三节　易错题解析

错题集是考生备考过程中必备的学习资料，这也是很多考生顺利通过考试的“秘籍”。教材编写组花了很长时间，整理了这节分专题易错题及解析汇总，助力各位考生！

一、客运考试易错题（20道）※

1. 根据《安全生产法》，生产经营单位的从业人员有权了解作业场所和工作岗位的（ ）。

A. 核编人数　　　　　　　　　B. 危险因素

C. 安全防范措施　　　　　　　D、事故应急措施

解析：此题正确答案为BCD。此题可用排除法，既然是考查《安全生产法》，那么答案必然是要选择与安全相关的选项。

2. 小张向安监部门举报自己所在企业不按规定进行车辆维护。根据《安全生产法》，他行使的权利是（ ）。

A. 获得安全生产保障

B. 获得工伤保护和民事赔偿

C. 对安全生产隐患进行批评、检举和控告

解析：此题正确答案为C。A、B、C三个选项都属于劳动者的安全生产权利，根据题干描述“向安监部门举报”，当然是检举揭发了，答案选C。

3. 根据《生产安全事故报告和调查处理条例》，造成10人以上30人以下死亡，或者50人以上100人以下重伤，或者5000万元以上1亿元以下直接经济损失的事故，为（ ）。

A. 较大事故　　B. 重大事故　　C. 特别重大事故

解析：此题正确答案为B。要想答对此类题，记住以下数字即可。

<3人	3～10人	10（包括）～30人	大于30（包括）人
一般	较大	重大	特别重大

4. 根据《道路交通安全法》，醉酒驾驶营运机动车，依法处以（ ）。

A. 追究刑事责任　　B. 吊销机动车驾驶证

C. 10年内不得重新取得机动车驾驶证　　D、终身不得驾驶营运机动车

解析：此题正确答案为ABCD。我们都知道酒驾入刑，醉酒驾驶，处罚更为严厉，怎么都不为过。

5.《道路运输条例》规定的处罚方式有（ ）。

A. 罚款　　B. 没收违法所得

C. 拘留　　D、吊销许可证件

解析：此题正确答案为ABD。此题可用排除法，很显然，选项C的拘留，属于公安机关的执法权力，道路运输管理部门是没有这项执法权力的。

6. 已取得道路运输证但没有按照规定安装卫星定位装置或未接入全国联网联控系统的道路运输车辆，依据规定将被（ ）。

A. 吊销道路运输证

B. 暂停营运车辆资格审验

C. 取消班线许可经营

解析：此题正确答案为B。根据题干描述可知，是车辆没按规定安装卫星定位装置或未联网，那么答案必然是要选择与车辆营运资格相关的选项。

7. 道路运输驾驶员继续教育周期是（ ）。

A. 1年　　B. 2年　　C. 3年

解析：此题正确答案为B。道路运输驾驶员继续教育周期为2年，2年内完成24学时的继续教育。

8. 根据《道路运输驾驶员继续教育办法》，道路运输驾驶员每个继续教育周期累计学时应不少于（ ）。

A. 12学时　　B. 24学时　　C. 36学时

解析：此题正确答案为B。道路运输驾驶员继续教育周期为2年，2年内完成一个周期24学时的继续教育。

9. 道路运输驾驶员诚信考核等级分为（ ）。

A. 优良　　B. 合格

C. 基本合格　　D、不合格

解析：此题正确答案为ABCD。此题有很大的迷惑性，很多人会漏选C。要知道，道路运输驾驶员诚信考核等级分为优良、合格、基本合格　和不合格四类，分别用AAA级、AA级、A级和B级表示（记住“AAAB”四个字母）。

10. 营运客车的类型和等级共有（ ）。

A. 五类20个等级　　B. 四类18个等级　　C. 三类18个等级，

解析：此题正确答案为B。对于这种常识性或纯知识性的考题，关键是要强化记忆，请记住“418（小、中、大、特大）”。

11. 车长为12m的营运客车属于（ ）

A. 特大型营运客车　　B. 大型营运客车　　C. 中型营运客车

解析：此题正确答案为B。要想答对此类题，记住以下数字即可。

≤6米	6米＜车身长度≤9米	9米＜车身长度≤12米	大于12米
小型	中型	大型	特大型

12. 除空调卧铺客运车辆外，其他客运车辆安全锤的配备数量为（ ）。

A. 6把　　B. 4把　　C. 2把

解析：此题正确答案为B。客车安全锤的配备数量见下表。

客车安全锤的配备数量

车辆类型	空调长途卧铺客车	空调客车	其他客车
配备数量（把）	6	4	4

13. 对于装有ABS系统的车辆，在使用行车制动时应（ ）。

A. 使用“点刹”技术

B. 用力踩下制动踏板不放松

C. 在感到制动踏板振颤后放松

解析：此题正确答案为B。ABS系统的作用就是在遇到紧急情况当车轮即将到达下一个锁死点时，刹车在一秒内可作用60至120次，相当于不停地刹车、放松，即相似于机械的“点刹”。反向思考一下没有ABS系统的车辆是怎样制动的，就知道正确答案了。

14. 汽车离合器打滑的原因有（ ）。

A. 压盘压紧弹簧状态不良　　B. 摩擦片状态不良

C. 离合器踏板自由行程过大　　D、离合器盖安装螺栓松旷

解析：此题正确答案为ABD。此题可用排除法，离合器打滑属于离合器工况不良，肯定是因为离合器零部件（如弹簧、摩擦片、螺栓等）不良导致。

15. 行车中的车辆安全检视属于（ ）。

A. 一级维护　　B. 二级维护　　C. 日常维护

解析：此题正确答案为C。此题可用联想法，行车中的车辆安全检视，即停车间隙检视车辆，与行车前、行车后维护构成了由驾驶员执行的最基本的日常维护作业。

16. 柴油机排放的主要有害成分是（ ）。

A. 氮氧化物(NO_x)、碳氢化合物(HC)

B. 氮氧化物(NO_x)、颗粒物(PM)

C. 颗粒物(PM)、一氧化碳(CO)

解析：此题正确答案为B。此题可用排除法，A、B选项都包含氮氧化物(NO_x)，B、C选

项都包含颗粒物(PM)，所以选B。

17. 装有涡轮增压装置的车辆，停车后要让发动机怠速运转多久才能熄火？（ ）

A. 1～2min　B. 2～3min　C. 3～5min

解析：此题正确答案为C。此题是纯记忆题，且容易记错。涡轮增压车辆需要“加卸压”时间，比“常压车辆”怠速时间要长，起步怠速1～2min，停车怠速3～5min。

18. 一般小动脉和静脉出血时，可用的止血方法是（ ）。

A. 加压包扎止血法

B. 止血带止血法

C. 肱骨骨折固定法

解析：此题正确答案为A。加压包扎止血法适用于小动脉、静脉及毛细血管出血。

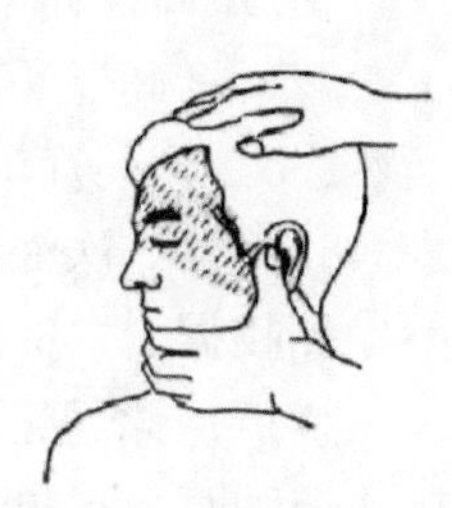

19. 使用颞动脉压迫止血法时，需要用拇指或食指压住（ ）。

A. 耳前正对下颌关节处

B. 下颌角前约半寸外

C. 上臂内侧动脉血管

解析：此题正确答案为A。一个简单的记忆方法，颞动脉在哪？在耳朵边上，选A准没错。

20. 行驶中需要提前识别危险源的目的是（ ）。

A. 对交通风险做出预先估计，及时采取措施，预防危险情况发生、避免造成道路交通事故

B. 留出时间，提前拨打紧急救助电话

C. 留出时间，赶在危险发生前抢先通过

解析：此题正确答案为A。此题可用排除法，B选项开车拨打电话显然不对，C选项抢先通过肯定不对，所以选A。

二、货运考试易错题（18道）*

1. 货车传动系的基本功用是将发动机发出的动力传给所有车轮。

解析：此题正确答案为错误。正确的表述应该是将动力传给驱动轮，很多人之所以答错，就是太粗心，没有仔细审题。

2. 增压发动机启动时，需要让发动机怠速预热3分钟以上。

解析：此题正确答案为错误。这道题也是客运考试的易错题。涡轮增压车辆需要“加卸压”时间，比“常压车辆”怠速时间要长，起步怠速1～2min，停车怠速3～5min。

3. 道路货物运输驾驶员提出行政复议申请并且被受理，在法定的行政复议期限内可以同时向人民法院提起行政诉讼。

解析：此题正确答案为错误。驾驶员提出行政复议申请并且被受理，是不能同时向人民法院提起行政诉讼的。国家之所以这样规定，就是为了节约行政资源，避免重复“办案”。

4. 救火时，道路货物运输驾驶员应脱去化纤服装，注意保护裸露的皮肤。

解析：此题正确答案为正确。很多考生审题不严导致答题错误，当读到题干中应脱去衣服时，想当然以为救火时脱衣服是不正确的做法。其实，救火时肯定要脱去容易燃烧的

化纤服装。

5. 发动机起火时，道路货物运输驾驶员应迅速关闭发动机，打开发动机罩灭火。

解析：此题正确答案为错误。这是一道常识题，发动机起火时，应切断电源，取下随车灭火器，对准起火部位进行灭火，但禁止开启发动机罩灭火。

6. 运输中遇到能见度低于10米的大雾时可以降低车速继续行驶。

解析：此题正确答案为错误。能见度低于10米，应立即寻找安全地点停车，等待大雾散去后再行车。

7. 货车的轮胎应与什么车速相适应？（ ）

A. 最高设计车速　　B. 最低设计车速　　C. 经济车速

解析：此题正确答案为A。很多考生因审题不仔细导致答题错误，看见经济车速就想当然选C。为了行车安全，轮胎应与最高设计车速相适应。

8. 签订一次性运输合同时，合同成立的凭证是什么？（ ）

A. 收据　　B. 运单　　C. 货物清单

解析：此题正确答案为B。承运人、托运人和货运代办人签订定期运输合同、一次性运输合同时，运单视为货物运输合同成立的凭证。在每车次或短途每日多次货物运输中，运单视为合同。

9. 已收取运费的货物在运输中因地震而灭失，如果托运人要求返还运费，道路货物运输驾驶员应该怎么做？（ ）

A. 要求赔偿　　B. 不予返还　　C. 予以返还

解析：此题正确答案为C。因不可抗力造成货物灭失，未收取运费的，不得向托运人收取，已收取运费的，应返还给托运人。

10. 驾驶货车在乡村道路行驶时，应该怎么做？（ ）

A. 加速通过易扬尘的路段

B. 遇到农用车时频鸣喇叭

C. 警惕随意穿行的人或动物

解析：此题正确答案为C。此题可用排除法，选项C肯定是正确的，很多考生答错就是因为心急，看见选项A就错误以为它是正确的。

11. 保价运输的零担货物受损，实际损失高于声明价值，按照什么赔偿？（ ）

A. 声明价值　　B. 实际损失　　C. 货物原值

解析：此题正确答案为A。货物受损时，不管货物的实际损失多少，一律是按照声明价值进行赔偿的。

12. 车辆挂挡困难，挂挡后不抬离合器踏板，车辆即行走或使发动机熄火，这是什么故障？（ ）

A. 离合器分离不彻底　　B. 离合器打滑　　C. 离合器异响

解析：此题正确答案为A。只有分离不合理才会造成未抬离合器即行走或熄火（主要是分离不彻底）。选项B的主要现象是在加挡、上坡，大载重的情况下出现发动机空转。选项C肯定是不涉及的。

13. 货车的行车制动控制装置与驻车制动控制装置之间是什么关系？（ ）

A. 相互独立　　B. 相互制约　　C. 相互联动

解析：此题正确答案为A。顾名思义，行车制动，就是车辆在行驶时，用来减速或停车时用的控制系统，基本都是用脚踩，所以也叫脚刹。驻车制动就是车停下来的时候，为了防止车辆移动而使用的制动控制系统，基本都是用手操作，所以也叫手刹。两者一个是车行驶时用的，一个是车停下来时用的，是两个相互独立的系统。

14.道路货物运输驾驶员的职业特点有哪些？（ ）

A.流动分散作业　　B.意外和危险因素多

C.环境复杂多变　　D.服务对象层次多样

解析：此题正确答案为ABCD。很多考生漏选C，觉得它不属于驾驶员的职业特点。其实换个思考方向，环境复杂多变，就是要求驾驶员要具备很强的应变能力。

15.下列哪些属于劳动合同的必备条款？（ ）

A.劳动报酬和社会保险　　B.工作时间和休息休假

C.工作内容和工作地点　　D.劳动保护、劳动条件和职业危害防护

解析：此题正确答案为ABCD。此题是纯记忆题，与企业签订有正式劳动合同的估计都不会答错，要知道，四个选项都是劳动合同法明文规定的劳动合同必备条款。

16.签订货物运输合同后，承运人必须履行哪些义务？（ ）

A.按照约定线路运输货物　　B.在约定时间内送达货物

C.将货物安全运输到约定地点　　D.收货人逾期提货时免费保管

解析：此题正确答案为ABC。选项D中免费保管是不对的，收货人逾期提货时，承运人保管货物是可以收取保管费用的。

17.如何正确搭配使用轮胎？（ ）

A.任意搭配，不受限制　　B.同轴不混装新胎和旧胎

C.同轴不混装高压胎和低压胎　　D.同轴不混装子午线和斜交轮胎

解析：此题正确答案为BCD。同轴不得混装新旧胎、高低压胎、子午线和斜交轮胎。选项A显然是错误的。

18.陈某驾驶货车跟车行驶，看到前车示意左转时，他认为来得及超越前车，于是穿越双实线占用对向车道超车，结果与前车相撞。如果你是陈某，应该如何安全超车？（ ）

A.超车前全面观察路况　　B.前车左转时从右侧超车

C.前车正在左转时放弃超车　　D.不可跨越双实线超车

解析：此题正确答案为ACD。此题考察考生的安全行车意识，很显然选项B是错误的，不论遇到何种情况，右侧超车都是不允许的。

第十三章

应用能力考核

关于应用能力考核，货运方面有较大修改：由原来的四项增加为现在的七项。增加的考核项目有应急求救、灭火器的使用、伤员急救、禁运物品查验、货物捆绑，从而增加考核的专业性和针对性。

考核方式采用“申请人独立操作为主、结合考核员提问”的方法进行计分考核，而不是之前的“申请人单独操作与考核员提问相结合的方法”，突出了动手操作的重要性。

第一节 常见故障点位和安全隐患

车辆安全检视是应用能力考核的重要考核项目（客运占50分，货运占60分）。确保车辆安全检视不失分、少丢分，可大幅提高应用能力考核的通过率。下面总结各地考场在车辆安全检视这块常常会设置的故障点位和安全隐患，以便考生进行有针对性的训练（请记住一点，考试用车是固定资产，是不可能进行大的人为破坏的，只会在小件或表面进行小幅度改动）。

一、车辆外观

项目	故障/安全隐患	话术
轮胎	气压不足	轮胎气压不符合额定气压，需要补气
	磨损严重	轮胎磨损严重，胎冠花纹深度不满足要求
风窗玻璃	表面脏、污	风窗玻璃脏、污，需要清洁
车灯和反光标志	表面脏、污	车灯/反光标志脏、污，需要清洁
外后视镜	表面脏、污	外后视镜脏、污，需要清洁
	角度调节不当	外后视镜角度调节不当，无法正常观察
备胎	气压不足	备胎气压不符合额定气压，需要补气
号牌	表面脏、污	号牌表面脏、污，需要清洁
	支架有松动	号牌支架有松动，需要紧固

续表

项目	故障/安全隐患	话术
车厢栏板（货车）	侧栏板或后栏板未牢固锁止	侧栏板/后栏板未牢固锁止，存在安全隐患
后下部防护装置（货车）	防护件松动	防护件有松动，需要紧固
侧防护装置（货车）	防护件松动	防护件有松动，需要紧固

二、发动机舱

项目	故障/安全隐患	话术
润滑油	油液不足	润滑油/冷却液/风窗清洗液/制动液不足，需要补充
冷却液		
风窗清洗液		
制动液		
风扇皮带	皮带松动	风扇皮带/传动皮带松动，需要拉紧或更换
传动皮带（货车）		

三、驾驶室内部

项目	故障/安全隐患	话术
安全带	磨损严重、损坏	安全带磨损严重/损坏，无法正常使用
内后视镜	角度调节不当	内后视镜角度调节不当，无法正常观察（顺手调节好）
安全设施及装置	灭火器未放置在固定位置	灭火器未放置在固定位置
驾驶舱上方	放置有纸张、卡片	存在有阻碍视线的物品，需要移除（顺手移除）

四、客车车厢※

项目	故障/安全隐患	话术
栏杆	有松动	栏杆/扶手/座椅有松动现象，需要紧固
扶手		
座椅		
地板	有水渍、脏污	地板有水渍/脏污，需要清洁

第二节 保大项得分的方法

分析应用能力考核各个项目的难易程度得知，除车辆安全检视之外，应急求救、灭火器使用、禁运物品查验、货物捆绑较容易，操作简单，而旅客急救（伤员急救）、轮胎更换难度较大，需要考生牢记主要步骤，按步骤大胆操作，保住大项得分。

一、心肺复苏抢救法

心肺复苏三大步骤C（胸外按压）A（开放气道）B（人工呼吸），每少一个扣5分，顺序不对扣5分。

操作总体流程：判断意识→记录时间→立即呼救→摆体位→解开衣扣→松裤带→仰头抬颏→判断颈动脉→胸外按压→清理呼吸道→人工呼吸→循环五次（考试一般2次）→判断复苏效果。

操作步骤：

（1）判断伤员意识：呼叫伤员，拍打伤员肩部，确定伤员丧失意识。（如：同志，同志，你怎么啦？）

（2）记录时间。（现在是几点几分）

（3）立即呼救，寻求他人帮助。（快来人啊，帮忙拨打120）

（4）使伤员仰卧，身体无扭曲。（摆体位）

（5）解开衣扣，松解裤带。

（6）仰头抬颏，判断颈动脉有无搏动。操作者一只手的手掌小鱼际（小拇指侧）置于伤员前额，向后下方施力，使头充分后仰，另一只手的中指和食指将颏部向前抬起，使耳垂与下颌角连线与地面垂直。操作者食指和中指指尖触及伤员气管正中部（相当于喉结部位），旁开两指，至胸锁乳突肌前缘凹陷处。判断时间不超过10秒。

（7）胸外按压。

①按压部位：胸骨中下三分之一处。

②按压方法：一手掌根放于按压部位，另一手平行重叠于此手背上，十指交扣，只以掌根部接触按压部位。双肘关节伸直，使肩、肘、腕在一条直线上，并与伤员身体长轴垂直，利用上身重量垂直下压，手掌掌根不离开伤员胸部。每次按压应让胸廓充分回弹，以保证心脏得到充分的血液回流。

③按压幅度：成人胸骨至少下陷5cm。

④按压与放松时间比为1:1。

⑤按压频率：每分钟100～120次。

（8）开放气道：将伤员头先偏向一侧，伤员如果有明确的呼吸道分泌物，清理呼吸道，如果有活动义齿，则取下。再仰头抬颏。

（9）人工呼吸。

用压额之手的拇指和食指捏住伤员的鼻子。正常吸一口气，憋气，双唇包绕密封伤员的口部，用力吹气，看见胸廓上抬。送气量不易过大，以免引起胃部胀气。吹气时间为1秒，吹毕，松开捏鼻翼的手，观察胸廓上抬情况，重复吹气1次。

（10）胸外按压与人工呼吸比为30:2。

（11）重复上述循环，操作2个循环后，判断复苏是否有效。复苏体征：瞳孔由大变小，口唇由青紫变为红润，颈动脉有搏动，有呼吸音，有气流溢出，有胸廓起伏，复苏有效，请进行下一步治疗。如未恢复，继续上述循环，直至有条件进行高级生命支持，再做判断。

（12）将伤员头偏向一侧，整理衣裤。

心肺复苏六步决

双手拍肩辨意识，指摸颈脉判心跳；大声呼叫旁人助，急救电话快速打；
侧跪松衣定好位，掌心翘起十指扣；上身前倾臂垂直，一秒两次手不离；
清口捏鼻抬下颌，两次吹气要有效；三十比二持续做，不到成功不言弃。

二、环形包扎法

环形包扎法主要包含以下3个大步骤。

（1）将伤口用无菌敷料覆盖，用左手将绷带固定在敷料上，右手持绷带绕肢体紧密缠绕。

（2）将绷带打开一端稍作倾斜状环绕第一圈，将第一圈斜出一角压入环行圈内，环绕第二圈；环形缠绕4～5圈，每圈盖住前一圈，绷带缠绕范围要超出敷料边缘。

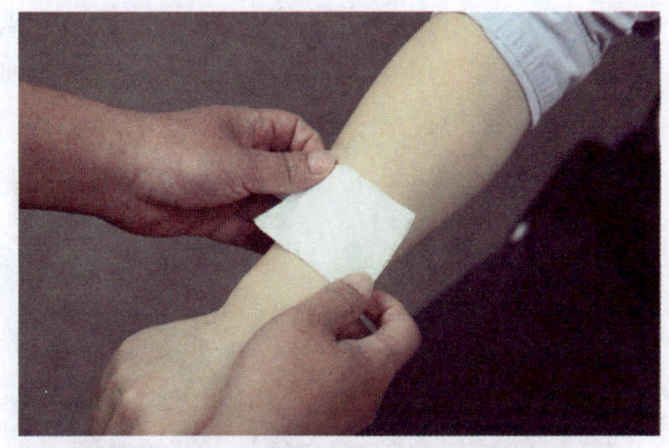

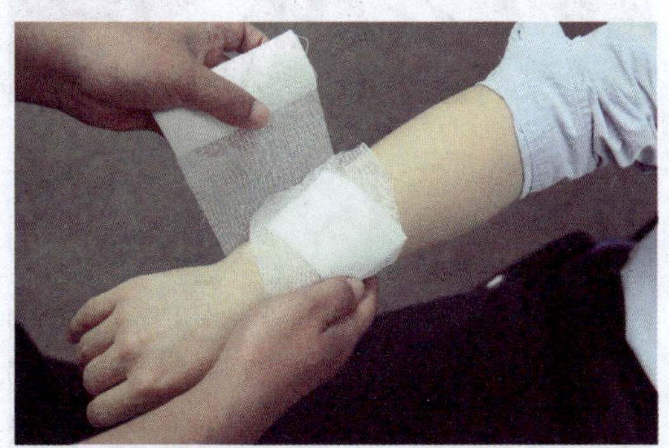

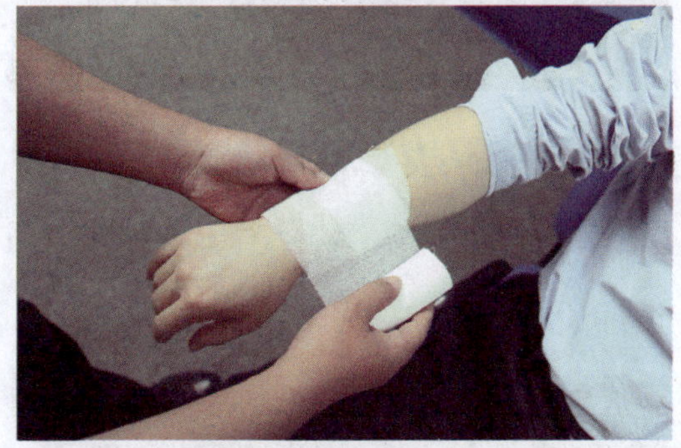

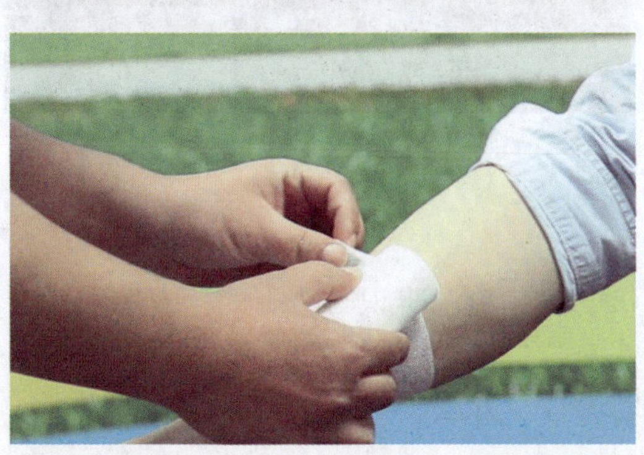

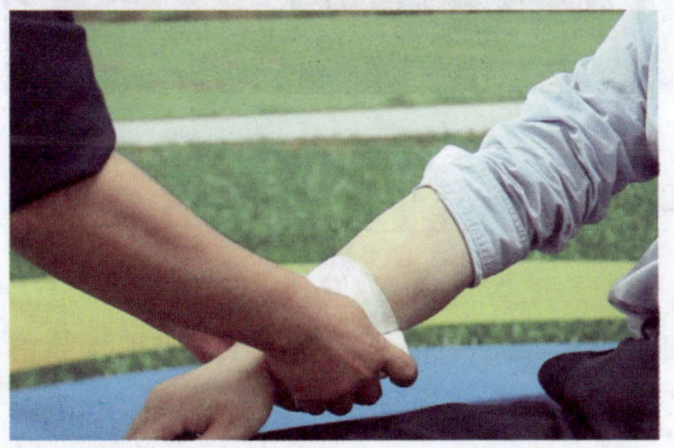

（3）最后用胶布粘贴固定，或将绷带尾部从中间纵向剪开形成两个布条，两布条先打一结，然后将两布条绕体打结固定。

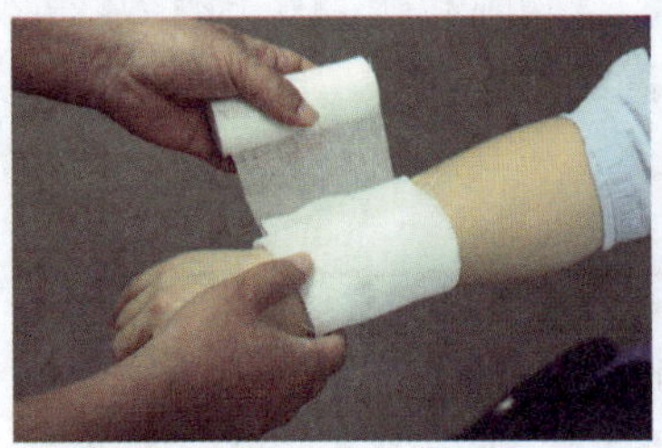
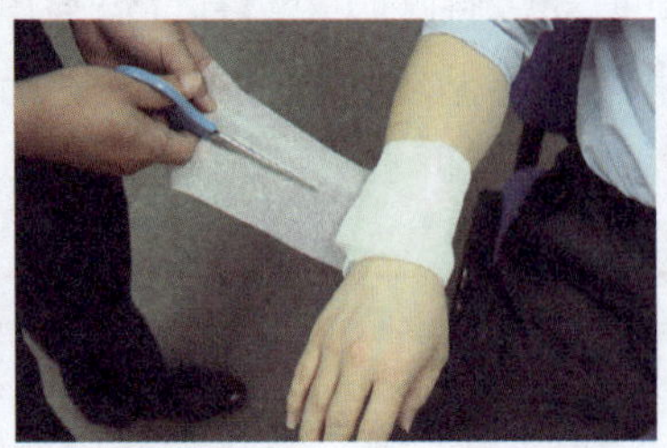
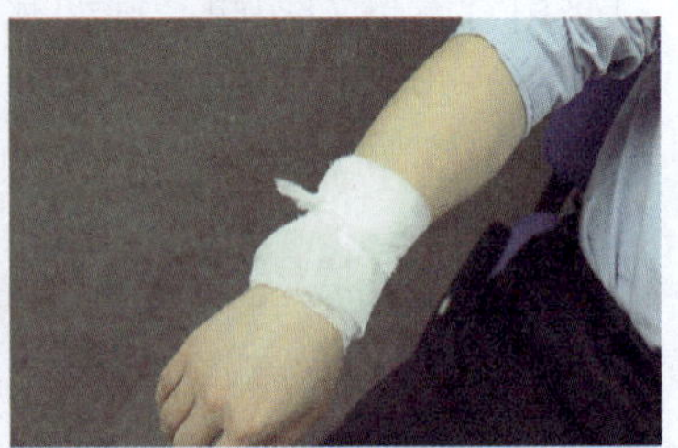

三、三角巾包扎法（普通头部包扎）

三角巾普通头部包扎法主要包含以下4个步骤。

（1）将三角巾的底边叠成约两横指宽，边缘置于伤员前额齐眉，顶角向后位于脑后。

（2）三角巾的两底角经两耳上方拉向头后部交叉并压住顶角。

（3）两底角交叉并压住顶角后，绕回前额相遇打结。

（4）顶角拉近，掖入头后部交叉处内。

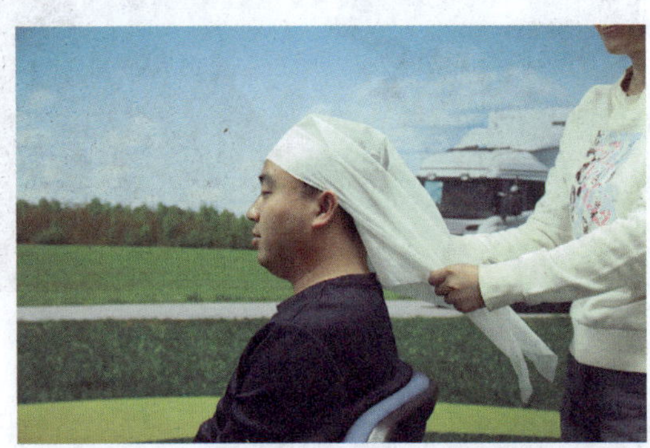

四、虚拟场景考试※

道路旅客运输驾驶员从业资格应用能力考核的“危险源辨识与防御性驾驶”“节能驾驶”两部分内容采用计算机三维虚拟场景的模式对考生的相关能力进行考察。请扫描下方二维码查看虚拟场景考试软件的使用说明、答题流程与方法。

扫一扫，看虚拟场景考试教学视频

五、轮胎更换*

轮胎更换已经由原来的必考项修改为抽考项，轮胎更换倒不是很难，只是比较费时费力，尤其是夏天和冬天，换完轮胎下来，你肯定会怀疑人生。但愿你能有好运气，不会抽中去更换轮胎。

（1）用胎压计检查后轮外侧轮胎气压

（2）在其余前后轮下加止动块

（3）拆卸备胎

（4）按顺序旋松后轮胎螺母

（5）用千斤顶顶起后轮

（6）旋下螺母，卸下轮胎

（7）安装备胎

（8）按螺母紧固顺序预紧固轮胎螺母

（9）放下千斤顶，紧固所有螺母至规定扭矩

（10）将替换下的损坏轮胎固定到备胎架上

第三节　失分点解析

考生需要记住，应用能力考核满分为100分，成绩达到80分及以上为合格。也就是说，你只有20分可以用来扣除，否则就是考试不合格。为此，教材编写组结合各地考试情况，专门归纳总结了一些失分点，供考生参考借鉴。

应用能力考核失分点

项　目	操　作　环　节	失　分　点
车辆安全检视	轮胎检查	轮胎通常有一个磨损严重，未能检查出来
	前桥、后桥、悬架、传动轴等不易观察部位的检查	不能使用检车锤敲击进行检查
	车厢栏板（货车）检查	侧栏板或后栏板未牢固锁止，未能检查出来
	润滑油检查	油迹在下标线下方位置，未能检查出润滑油不足
	驾驶室内部检查	驾驶舱上方放置有纸张、卡片等阻碍视线的物品，未能发现
	客车车厢检查	栏杆/扶手/座椅有松动现象，未能检查出来

续表

项　目	操 作 环 节	失 分 点
心肺复苏	环顾四周	未能环顾四周，确认现场安全
	判断伤员意识	未能判断伤员意识，说出：同志，同志，你怎么啦？
	立即呼救	未能寻求他人帮助，说出：快来人啊，帮忙拨打120急救电话
	判断颈动脉有无搏动	未能准确找准位置
	胸外按压	未能口头表述：按压频率1分钟100～120次
	人工呼吸	送气方式错误或送气不足，胸廓无抬起
	判断复苏是否有效	未能口头说明：心肺复苏有效，请进行下一步治疗
	将伤员置于侧卧位、整理衣裤	没有将伤员头偏向一侧，整理衣裤的动作
环形包扎	步骤（2）	绷带顶端未反折，绷带没有向上方倾斜
	步骤（3）	未在包扎上端打结，在伤口处/身体内侧打结
三角巾包扎	步骤（1）、（3）、（4）	未能做到“二指宽、齐眉、过耳”，在伤口处打结，顶角没有掖入头后部交叉处内
应急求救	正确拨打救援电话	造成人员伤亡的事故，未能拨打120急救电话，未能打电话报告单位负责人、安全生产监管部门，事故现场出现火灾，未拨打消防报警电话119向消防部门报案
灭火器使用	拔掉保险销	不知道保险销的位置，未能正确拔掉保险销
	找准喷射位置	未能站对灭火位置，未能将喷管对准火焰根部喷射
轮胎更换	放置警告标志牌	未能在车后合适位置放置警告标志牌
	检查气压值	未能正确使用胎压计，读出胎压值
	前后轮加固	未能在其余前后轮下加止动块
	紧固轮胎螺母	未能对角紧固螺母，未说明轮胎螺母安装紧固，未能口头表述：轮胎气压符合标准、两个气门嘴成180°、内外轮胎通风口对齐、螺母斜面与轮胎斜面紧密结合
货物捆绑	操作捆绑带，捆绑货物	捆绑带出现打结、扭曲现象
	系固检查	捆绑过紧或过松，造成货物破损或系固不牢

道路货物运输驾驶员从业资格基本知识考试模拟题

1. 社会责任感强的道路货物运输驾驶员能为企业、自身创造更多的经济价值。
答案：正确
2. 道路货物运输驾驶员的急躁心理有利于提高运输效率，不会导致交通事故。
答案：错误
3. 对于依法制定的保障安全生产的国家标准和行业标准，道路货物运输驾驶员可以作为参考，不是必须执行。
答案：错误
4. 道路货物运输驾驶员应自行配备劳动防护用品，并按照规定佩戴、使用。
答案：错误
5. 道路货物运输驾驶员在劳动合同中发现“发生交通事故，个人承担责任”的条款，根据《安全生产法》，该合同无效。
答案：正确
6. 道路货物运输驾驶员发现直接危及人身安全的紧急情况时，有权在采取可能的应急措施后撤离车辆。
答案：正确
7. 道路货物运输驾驶员可以对货车的外部照明和信号装置进行改装。
答案：错误
8. 同一轴上轮胎的规格和花纹可以不同。
答案：错误
9. 整箱集装箱货运适用于货源分散，托运人单件托运量小，运送目的地各不相同的情况。
答案：错误
10. 拼箱集装箱货运适用于货流量大、货流集中，中途不停靠站点，直达目的地整装整卸的情况。
答案：错误
11. 装载被隔板分割成若干个小的独立罐体的罐车时，应保证质量分布均匀。
答案：正确
12. 甩挂运输比传统运输方式要占用更多的货物仓储设施。
答案：错误
13. 甩挂运输时，牵引车与挂车之间的电缆连接器、气制动连接装置、ABS 系统形式及接口应符合规定且相互匹配。
答案：正确
14. 运价包括固定成本、变动成本和利润。
答案：正确
15. 采用真空助力的行车制动系，当真空助力器失效后，可连续踩制动踏板制动，制动性能不变。
答案：错误
16. 增压发动机启动时，需要让发动机怠速预热3 分钟以上。
答案：错误
17. 运输中通过乡村扬尘路段时，应低速慢行，必要时可以开启车灯、鸣喇叭示意。
答案：正确
18. 运输中遇到能见度低于10米的大雾时可以降低车速继续行驶。
答案：错误
19. 运输中发动机突然熄火，应立即原地制动停车，检查原因。
答案：错误
20. 运输中货车突然制动失效，使用驻车制动器辅助制动时，可将操纵杆一次拉紧。
答案：错误
21. 道路货物运输驾驶员应该如何招揽货物？（ ）
A. 提高服务标准
B. 排挤竞争对手
C. 恶意降低价格
答案：A
22. 道路货物运输驾驶员情绪低落、心神不定时，应急反应能力会如何变化？（ ）
A. 降低　　B. 提高　　C. 不变
答案：A
23. 道路货物运输驾驶员去某道路运输企业应聘，企业要求收取500 元的入职培训费，如何评价这种行为？（ ）
A. 企业行为违反《劳动合同法》
B. 驾驶员必须缴纳这笔入职培训费
C. 双方协商决定是否缴纳培训费
答案：A
24. 如何看待道路货物运输驾驶员拒绝企业管理人员违章指挥、强令冒险作业的行为？（ ）
A. 违反了企业管理规定
B. 违反了劳动合同
C. 依法行使安全生产权利
答案：C
25. 变更劳动合同时应该采用什么形式？（ ）
A. 口头　　B. 书面　　C. 电子
答案：B
26. 道路货物运输驾驶员应如何对待企业的《应急预案》和《应急演练组织办法》？（ ）
A. 不予理会
B. 阅读并熟知
C. 出事故后才需要了解
答案：B
27. 货车侧面车身反光标识的长度应大于等于车长的多少？（ ）
A. 三分之一　　B. 二分之一　　C. 三分之二
答案：B
28. 货车的哪些车轮不能装用翻新轮胎？（ ）
A. 所有车轮　　B. 外侧车轮　　C. 转向车轮
答案：C
29. 依法进行超限运输时应如何悬挂标志？（ ）
A. 夜间悬挂标志旗

B. 夜间停车休息时关闭标志灯
C. 标志悬挂在货物超限的末端
答案：C
30. 甩挂运输时，牵引车和挂车必须满足什么条件？（ ）
A. 属于同一地区
B. 属于同一企业
C. 准牵引总质量与总质量匹配
答案：C
31. 运输成本中，不随服务量或运量变化的是什么？（ ）
A. 利润
B. 固定成本
C. 变动成本
答案：B
32. 下列哪项不是《合同法》里明确规定的承运人责任？（ ）
A. 免费提供卸载货物服务
B. 将货物安全运达目的地
C. 及时通知收货人来取货
答案：A
33. 道路运输企业拖欠或者未足额支付劳动报酬时，道路货物运输驾驶员可以如何维权？（ ）
A. 向当地人民法院申请支付令
B. 到当地信访机构反映情况
C. 阻碍企业的正常生产过程
答案：A
34. 受理货物时发现货物未按规定包装，应该如何处理？（ ）
A. 请托运人按规定重新包装
B. 装车时与其他货物隔离开
C. 直接装车，途中多注意货物情况
答案：A
35. 半轴是在哪些部件之间传递动力的实心轴？（ ）
A. 差速器和驱动轮
B. 变速器和万向节
C. 主减速器和差速器
答案：A
36. 货车的轮胎应与什么车速相适应？（ ）
A. 最高设计车速
B. 最低设计车速
C. 经济车速
答案：A
37. 使用卫星定位系统车载终端时，哪种做法是错误的？（ ）
A. 行车前后检查终端
B. 收听终端的语音提示
C. 自行修理或拆改终端
答案：C
38. 夜间运输时，道路货物运输驾驶员应将车速控制在什么范围内？（ ）
A. 制动距离在前照灯照射范围内
B. 反应距离在近光灯照射范围内
C. 反应距离在远光灯照射范围内
答案：A
39. 伤员头、颈部大出血，采取其他止血方法无效时，可采用哪种方法止血？（ ）
A. 颌外动脉压迫止血法
B. 颈总动脉压迫止血法
C. 锁骨下动脉压迫止血法
答案：B
40. 货运驾驶员驾驶货车在隧道内借道超车时，与迎面驶来的小客车碰撞，导致人员伤亡。造成这起事故的直接原因是什么？（ ）
A. 暗适应影响货运驾驶员视力
B. 货运驾驶员隧道内违法超车
C. 小客车驾驶员违法行驶
答案：B
41. 道路货物运输驾驶员应该履行哪些劳动义务？（ ）
A. 完成劳动任务
B. 提高职业技能
C. 执行劳动安全卫生规程
D. 遵守劳动纪律和职业道德
答案：ABCD
42. 下列哪些劳动合同是无效的？（ ）
A. 违反法律、行政法规的劳动合同
B. 采取欺诈、威胁手段订立的劳动合同
C. 约定违约责任的劳动合同
D. 无固定期限的劳动合同
答案：AB
43. 下列哪些情形下，道路运输企业不能解除与道路货物运输驾驶员的劳动合同？（ ）
A. 驾驶员严重失职对企业利益造成重大损害
B. 驾驶员严重违反劳动纪律或企业规章制度
C. 驾驶员因工负伤被确认部分丧失劳动能力
D. 驾驶员患病，在规定的医疗期内
答案：CD
44. 道路货物运输驾驶员的哪些做法符合职业道德的要求？（ ）
A. 车辆出现故障时继续驾驶
B. 平稳驾驶，妥善保管货物
C. 交通拥堵时耐心有序跟车
D. 有车辆占道时逼对方让路
答案：BC
45. 下列哪些情况容易导致驾驶疲劳？（ ）
A. 长时间坐姿不良　B. 行车时间过长
C. 睡眠不足　D. 车内空气质量差
答案：ABCD
46. 道路货物运输驾驶员运营时除了随车携带驾驶证，还要携带哪些证件？（ ）
A. 经营许可证　B. 从业资格证
C. 道路运输证　D. 车辆行驶证
答案：BCD
47. 根据《道路货物运输及站场管理规定》，道路货物运输驾驶员应该接受道路运输企业组织的哪些培训？（ ）
A. 安全教育　B. 职业道德教育
C. 业务知识　D. 操作规程
答案：ABCD

48. 未取得道路危险货物运输许可从事道路危险货物运输，将会受到哪些处罚？（ ）
A. 罚款
B. 注销从业资格证
C. 有违法所得时没收违法所得
D. 构成犯罪时追究刑事责任
答案：ACD
49. 道路货物运输驾驶员遇到哪些情况时，应拒绝运输？（ ）
A. 货物属于禁止运输货物
B. 货物存在重大安全隐患
C. 托运人拒绝安全验视
D. 托运人拒绝实名登记
答案：ABCD
50. 道路货物运输驾驶员应如何使用限运、凭证运输物品的准运证明？（ ）
A. 在运单上加以标注
B. 相关证明材料随货同行
C. 运达后将证明材料交给收货人
D. 运达后将证明材料留存至少2 年
答案：ABC
51. 道路普通货物运输驾驶员不得运输下列哪些货物？（ ）
A. 液氯　　B. 食用油
C. 油纸　　D. 甲醇
答案：ACD
52. 下列哪些货物可以作为普通货物进行道路运输？（ ）
A. 潮湿棉花
B. 活性炭
C. 植物纤维，干的
D. 20 升以下的水性涂料
答案：ABCD
53. 压缩氮满足哪些条件时可以作为普通货物进行道路运输？（ ）
A. 使用符合《气瓶安全技术监察规程》的无缝气瓶
B. 单个气瓶公称容积不超过50 升
C. 单个气瓶公称容积不超过175 升
D. 每个运输单元的压缩气体气瓶总水容积不超过500 升
答案：ABD
54. 道路货物运输驾驶员的合法权益受到损害时，可采取哪些方式维权？（ ）
A. 上网发布夸大事实的消息
B. 要求有关部门依法处理
C. 依法申请仲裁
D. 依法提起诉讼
答案：BCD
55. 装载货物时，正确的做法有哪些？（ ）
A. 在车门处放置隔离物
B. 有包装的在上，无包装的在下
C. 重不压轻
D. 先远后近
答案：ACD
56. 超载会导致哪些后果？（ ）
A. 制动距离延长　　B. 安全性提高
C. 爬坡更加困难　　D. 下坡速度加快
答案：ACD
57. 和汽油机相比，柴油机有哪些特点？（ ）
A. 转速高　　B. 压缩比大
C. 热效率高　　D. 经济性好
答案：BCD
58. 离合器应具备哪些功用？（ ）
A. 产生汽车行驶的动力
B. 保证汽车能平稳起步
C. 保证传动系换挡时工作平顺
D. 限制传动系承受的最大扭矩
答案：BCD
59. 子午线轮胎有哪些特点？（ ）
A. 散热性能差　　B. 缓冲性能好
C. 滚动阻力大　　D. 油耗比较低
答案：BD
60. 离合器打滑的原因有哪些？（ ）
A. 摩擦片过薄，间隙过大
B. 压盘压紧弹簧状态不良
C. 离合器踏板自由行程过大
D. 离合器盖安装螺栓松旷
答案：ABD
61. 哪些情况下需要更换轮胎？（ ）
A. 胎侧出现鼓包
B. 胎面受损露出帘布层
C. 前轮花纹深度低于3.2毫米
D. 轮胎花纹间夹有石子
答案：ABC
62. 哪些操作能够实现节能减排？（ ）
A. 合理使用挡位和控制车速
B. 长时间怠速预热车辆
C. 急转向和急加速
D. 保持发动机转速在经济区间
答案：AD
63. 收车后，道路货物运输驾驶员需要进行哪些工作？（ ）
A. 检查车辆　　B. 检查仪表灯光
C. 清洁车辆　　D. 记录车辆行驶情况
答案：ACD
64. 防御性驾驶理念要求道路货物运输驾驶员怎么做？（ ）
A. 规范操作，避免主动引发事故
B. 宽容礼让，避免卷入被动性事故
C. 设法纠正别人的错误
D. 不容忍别人犯错
答案：AB
65. 一辆重型货车与一辆面包车相向同时接近乡村弯道，两车车速都较快，在转弯处会车时因避让不及碰撞在一起。如果你是这位货车驾驶员，通过弯道时应该如何安全会车？（ ）
A. 不越过道路中心线
B. 合理控制车速
C. 减小横向距离
D. 注意对向盲区是否有车，适时鸣喇叭
答案：ABD